Dictionnaire insolite du Japon

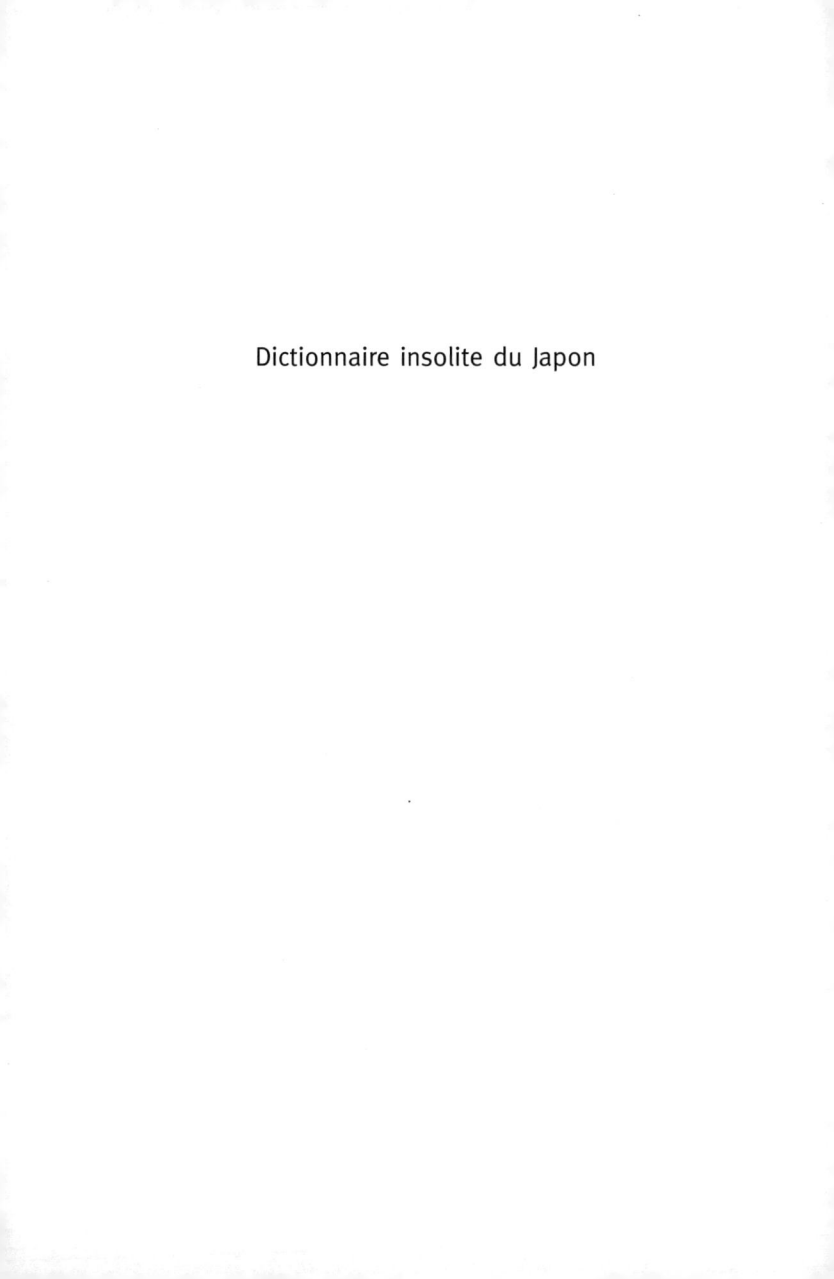

Dictionnaire insolite
du Japon

Liza Maronese

COSMOPOLE

Dans la même collection
Andalousie • Argentine • Australie • Barcelone •
Belgique • Berlin • Birmanie • Californie •
Cambodge • Cap-Vert • Chine • Corée du Sud •
Crète • Cuba • Écosse • Égypte • Florence •
Floride • Grèce • Inde • Indonésie • Irlande •
Islande • Italie • Jérusalem • Liban •
Lisbonne • Londres • Madagascar • Madrid •
Malaisie • Maroc • Mexique • Naples •
New York • Norvège • Nouvelle-Zélande •
Pays baltes • Québec • Roumanie • Russie •
Sénégal • Sicile • Sri Lanka • Suède •
Tel Aviv • Thaïlande • Venise • Vietnam

Bretagne • Pays basque

Variations insolites sur le voyage

Collection dirigée par Patrick Arfi et Vanessa Pignarre.
Conception graphique: Amélie Pignarre.

© COSMOPOLE – DIFFUSIONS MARCUS, Paris, 2012
ISBN 978-2-84630-076-6
www.editionscosmopole.com – contact@editionscosmopole.com

En complément de ses études de japonais à l'Inalco, Liza Maronese a effectué plusieurs longs séjours au Japon. Les habitudes du pays qui lui apparaissaient étranges sont devenues peu à peu chose commune au fil des séjours. Pour écrire le dictionnaire insolite du Japon, il a donc fallu retrouver les premières impressions et faire remonter à la surface toutes ces petites choses qui font que le Japon amuse, choque, fascine autant. De retour en France, Liza Maronese continue de travailler en lien avec le Japon en proposant des formations interculturelles aux entreprises.

*À Setsuko,
la maman d'Hélène qui m'a donné
mes premiers cours de japonais
et grâce à qui j'ai pu me rendre au Japon
pour la première fois en 2002.*

Introduction

Le Japon est un de ces pays qui fascinent parce qu'il semble insaisissable. Ce dictionnaire insolite essaie d'en donner une image concrète sans tomber dans le scolaire ou le caricatural, «Japon, terre de contradictions». La tradition et la modernité s'entremêlent effectivement (créant parfois des combinaisons inattendues) mais il est plus intéressant d'envisager ces deux notions à travers des exemples simples et vivants.

En France, de plus en plus de personnes tentent de percer le «mystère japonais» à travers l'étude de la langue, par les mangas, les arts martiaux ou le cinéma... D'autres partent à l'aventure en quête de dépaysement, tout simplement. De ce point de vue, pas d'inquiétude! Le dépaysement est au rendez-vous mais peut-être pas là où on l'attendait. Car il existe une multitude de lieux communs sur le Japon. De manière schématique, soit tout y est zen, épuré, sain, soit au contraire le pays est perçu comme celui de la technologie à outrance, où tout est un peu fou et où les gens sont constamment pressés. Il faut donc tempérer ces idées toutes faites et ce dictionnaire prouve qu'avec quelques explications simples, il est possible d'appréhender un monde où, certes, on mange du poisson cru et où l'on dort par terre, mais pas uniquement.

En définitive, cet ouvrage entend partager une somme d'informations que l'on ne trouverait pas dans un guide, des petits «trucs», qui semblent mineurs mais qui ont une importance certaine aux yeux des Japonais. Partant d'expériences vécues, il donne des instantanés d'un Japon plus méconnu. Qui sait, par exemple, que les Japonais sont fans de scarabées ? Que *nikkei* peut être autre chose qu'un indice économique ? Que le melon est un fruit quasi divinisé ? Et qui connaît Burapi ? Ce livre propose au voyageur curieux un ensemble de petites bulles d'infos insolites, en aucun cas exhaustives, qui donnent envie d'en découvrir plus. Car si l'on dévoilait tout à l'avance, il n'y aurait plus de surprise !

N.D.E.: les mots suivis d'un astérisque font l'objet d'une entrée.

100 YEN SHOP

Le 100 yen shop (*hyaku en shoppu* en japonais) est le passage obligé pour tous les visiteurs qui souhaitent ramener quelques souvenirs peu onéreux du Japon. Le 100 yen shop est une aubaine, surtout quand l'euro est fort. Comme son nom l'indique, tous les articles y sont à 100 yens (105 avec les taxes) et sont généralement fabriqués en Chine. La qualité des produits est variable, mais dans tous les cas une poêle à 105 yens (moins d'un euro) est introuvable en France et peut vraiment dépanner. On peut y acheter de tout : vêtements, produits alimentaires, vaisselle, papeterie... Les 100 yen shop sont très nombreux, un peu disséminés dans tous les coins et recoins du Japon. Ils sont de tailles et de qualités variables. Le seul inconvénient, les achats superflus sous prétexte que c'est «juste 100 yens» se multiplient à vitesse grand V. Dans la catégorie au-dessus, il existe également des 3 coin shop où tout est à 300 yens (315 avec les taxes) : le principe est le même, seule la qualité ou la taille des lots est plus importante.

A

A, I, U, E, O

Cette suite de voyelles est la première ligne de l'alphabet japonais qui se décline en 10 rangées de syllabes, selon le même schéma. On y ajoute le «N» qui est un son nasal.

À savoir: le «U» se prononce «ou»

Le «E» se prononce «é»

Le «H» est aspiré comme en anglais

Le «R» est roulé mais plus proche du «l» que du «r» espagnol.

Le «S» est toujours prononcé «ss» même entre deux voyelles.

Le «G» se prononce toujours comme dans «garçon».

Lorsqu'une voyelle est allongée (accentuée), on le note grâce au signe «^»

Enfin, lorsque les syllabes KI, SHI, TCHI, NI, HI, MI, RI (et leurs variantes) sont combinées aux syllabes A, I, U, E, O, YA, YU, YO, le «I» disparaît de la transcription. Le Y est parfois retranscrit mais pas toujours; par exemple: RI + YU = RYU, TCHI + YA = TCHA (thé), JI + E = JE.

Schématiquement, on retrouve dans le tableau qui suit l'intégralité des sons produits en japonais. Il suffit ensuite de les combiner pour créer des mots. La prononciation du japonais n'est pas si compliquée, sauf quand elle tente de se frotter à d'autres langues. En effet, certains sons n'existent pas: le «si» se prononce

« shi », le « ti » « tchi » et le « r » s'apparente à notre « l ». De plus, du fait de son alphabet syllabique, la langue japonaise a la particularité de produire des mots qui alternent obligatoirement consonne puis voyelle (à part le son « n », nasal), d'où la difficulté des Japonais à prononcer des mots étrangers terminés par une consonne. Exemple, le mot anglais *friend* est décomposé ainsi : « fu-re-n-do ». Il vaut mieux garder cela à l'esprit lorsque l'on parle en anglais avec un Japonais et se rappeler que *raito* signifie « droite », et *refuto*, « gauche » quand on nous indique les directions. Autre curiosité, la suite « za, ji, zu, ze zo » comporte une altération qui explique pourquoi les Japonais nous parlent de « Jidane » (Zidane) et s'exclament « parijênu ! » (parisien/parisienne) quand ils apprennent que l'on vient de la capitale française.

A	I	U	E	O
KA	KI	KU	KE	KO
GA	GI	GU	GE	GO
SA	SHI	SU	SE	SO
ZA	JI	ZU	ZE	ZO
TA	TCHI	TSU	TE	TO
DA	DJI	DZU	DE	DO
NA	NI	NU	NE	NO
HA	HI	FU	HE	HO
BA	BI	BU	BE	BO
PA	PI	PU	PE	PO
MA	MI	MU	ME	MO
RA	RI	RU	RE	RO
YA		YU		YO
WA				(W)O
N				

ALCOOL 酒 [SAKE]

Alcool se dit *sake* (plus communément *o-sake*) en japonais. L'alcool de riz, que nous appelons saké en France, est généralement mieux connu ici sous l'appellation *nihonshu*. Les Japonais sont de grands consommateurs d'alcool et de grands amateurs de bière ビール (*bîru*). D'ailleurs en japonais on ne dit pas « on va boire un verre », mais plutôt « on va boire une bière ». Ici, la publicité pour l'alcool n'est pas interdite sur le petit écran, et les spots publicitaires pour la bière sont continuels. Les grandes marques comme Asahi ou Kirin s'affrontent plusieurs fois par jour pour convaincre des consommateurs pourtant déjà convertis. La bière est l'alcool par excellence. Même les femmes boivent volontiers des chopes (*jokki*) entre collègues. Les alcools plus traditionnels comme le *nihonshu*, *shôtchû* ou le *umeshu* (alcool à base de prune très apprécié des femmes pour son goût sucré) sont également consommés régulièrement dans les bars. Depuis quelques années, il est possible de commander des cocktails occidentaux et même du bon vin dans certains établissements.

La phrase que tout bon voyageur doit connaître pour commander une pression au Japon : *nama bîru kudasai* (« une bière bien fraîche s'il vous plaît »), que l'on peut raccourcir en disant *nama kudasai* (littéralement « une fraîche s'il vous plaît »).

ANAROGU

« Analogue » ? À sa prononciation, le terme sonne français, mais il est bien japonais. On l'utilise pour qualifier tout ce qui est antérieur à la Technologie. Concept plutôt mouvant... car ce qui est technologique un jour sera facilement dépassé le lendemain.

Le concept fait partie intégrante de la vie des Japonais. Difficile de croire que, dans un pays où même le troisième âge surfe sur un smartphone, certaines choses restent obstinément *anarogu*. Pour preuve, dans le monde du travail, le fax est encore fréquemment utilisé et de nombreux patrons se refusent à informatiser leurs données, préférant s'en remettre aux bons vieux papier et stylo. Un comble dans un pays où la place manque! Témoin également de cette pratique, le *denpyô* (l'addition) qui est rempli à la main par les serveurs à chaque commande. De même pour les CV: au moment des entretiens, il est demandé aux candidats de rédiger chaque document à la main... Décidément insolite pour un pays réputé technophile!

ANIME MANIA

Ce que nous connaissons sous le terme de manga en français est en fait appelé *anime* アニメ en japonais (abréviation du mot anglais *animation*). Il est vrai qu'à l'origine beaucoup de ces *anime* s'inspiraient de manga (bande dessinée japonaise), la confusion était donc facile. Tous ceux qui ont grandi en France avec le Club Dorothée connaissent d'emblée ces dessins animés japonais taxés de violence gratuite et souvent montrés du doigt comme Dragon Ball Z, les Chevaliers du Zodiaque, etc. Notons qu'il existe d'autres types d'*anime* bien moins violents, extrêmement populaires au Japon mais inconnus chez nous: *Doraemon* (personnage ressemblant à un gros chat bleu sans oreilles), *Anpanman* (dont la tête est en forme de petit pain fourré à la pâte de haricots rouges) ou encore *Astroboy* sont les héros de jeunesse de tous les Japonais depuis les années 1970.

Au fil des années, la mode *cosplay* est venue se greffer au phénomène *anime*. Ce passe-temps, né avec la culture *otaku* (caractérisant les jeunes qui vivent à travers les manga, *anime* et jeux vidéo en s'identifiant aux personnages), vient de la contraction des mots *costume* et *play*. Certains quartiers sont réputés pour accueillir les adeptes du *cosplay*: à Tokyo par exemple, des jeunes rivalisant d'imagination se rassemblent tous les dimanches dans le quartier de Harajuku. Le phénomène a pris tellement d'ampleur qu'il existe des concours internationaux de *cosplay*. Le championnat du monde qui se tient en août à Nagoya voit participer de nombreux pays dont la France – cette pionnière en est à sa 7e participation –, l'Italie, le Brésil et bien d'autres !

APATRIDES

Aussi étonnant que cela puisse paraître, le Code civil japonais fabrique des apatrides chaque année. L'article 733 stipule qu'une femme divorcée doit attendre 6 mois avant de se remarier, faisant ainsi écho à un autre article – le 772: « Un enfant qui naît moins de 300 jours (environ 10 mois) après un divorce, est officiellement rattaché à l'état civil de l'ex-mari ». Avant que le concubinage ne soit doucement accepté au Japon, le texte n'était pas sans fondement, mais aujourd'hui, l'article 772 pose de plus en plus de problèmes. La clause de non-remariage dans un délai inférieur à 6 mois n'est pas forcément gage d'abstinence. Si un enfant conçu avec un deuxième partenaire peu de temps après le divorce voit le jour prématurément, il sera rattaché à l'état civil de l'ex-mari, alors même que celui-ci n'est pas le père biologique. Si ce dernier ne souhaite pas que l'enfant y figure ou si la mère refuse cette mention, l'enfant se retrouve alors sans identité. Ce qui implique qu'il ne pourra s'inscrire à l'école qu'à l'aide de dérogations, ne pourra jamais recevoir de passeport, et donc jamais sortir des frontières du Japon. À noter, le Code civil en vigueur date de 1898... La télé s'est emparée du sujet et de nombreuses personnes «apatrides» y témoignent chaque année. La médiatisation du sujet amènera-t-elle un changement pour tous les Japonais non reconnus ?

ARGENT 金 *[KANE]*

Le Japon étant un pays sûr, les gens se déplacent sans le moindre état d'âme avec de grosses sommes en liquide (parfois correspondant à près de 1 000 euros). Toutefois, pour les non Japonais, transporter de telles sommes peut occasionner un certain stress. Pour ceux qui voudront retirer de l'argent sur place au cours de leur séjour, il faut savoir que très souvent les «banques locales» ne permettent pas de retrait avec des cartes étrangères. Les endroits où l'opération est possible sont les banques Citibank et Shinsei Bank et les bornes des *combini** Seven Eleven. Quoi qu'il en soit, il est préférable de s'approvisionner dans les grandes villes car les chances de croiser ces banques-ci sont quasi nulles dans les campagnes. Reste alors la solution la plus simple pour retirer de l'argent : les bureaux de poste japonais, reconnaissables à leur 〒 rouge.

ARTISANAT

Le mot *mingei* 民芸 sert à désigner tout ce qui a trait à l'art populaire japonais : poterie, faïence, laques, objets en bois, etc. Les jouets traditionnels comme le *kendama* (bilboquet japonais), la toupie (*koma*) ou encore les fameuses poupées en bois *kokeshi* sont représentatifs des techniques en ébénisterie. Les *kokeshi* sont vendues dans de nombreuses boutiques souvenirs ; et le 3 mars, à l'occasion du *Hina Matsuri* (fête des filles), on sort ces poupées stylisées pour célébrer les petites filles à travers le pays. Certaines poupées artisanales sont moins avenantes, toutefois : les *daruma* (personnages barbus du folklore bouddhique aux sourcils fournis, vêtus de rouge) font partie des figures peuplant l'artisanat japonais. On en trouve de toutes les tailles avec un seul œil dessiné ; ce n'est qu'une fois le souhait exaucé qu'on dessine l'autre œil. Lorsqu'on parle d'artisanat avec des Japonais, la céramique (*tôgei*) est immédiatement mentionnée. On considère qu'elle a été introduite au Japon au XIIe siècle grâce à un artisan qui rapporta ces techniques de Chine et installa son four dans la ville de Seto. D'ailleurs le terme *setomono* (« objet de seto ») dérive de cette première production et se trouve être un des termes qui désignent la poterie. Les prouesses artisanales peuvent s'exprimer à travers le textile comme le *kasuri*, tissu indigo, ou les *kimonos** de soie peints à la main. De nombreuses régions possèdent leur propre artisanat : la ville d'Imabari, par exemple, est connue à travers tout le Japon pour ses serviettes de bain au maillage particulier et inimitable.

ASSAISONNEMENT

Il existe une expression japonaise qui reprend, sans modification aucune, la troisième ligne du tableau syllabique «sa/shi/su/se/so» (voir p. 15) et qui sert de moyen mnémotechnique pour retenir et respecter une règle d'or: l'ordre d'assaisonnement des plats japonais. Il faut incorporer, sans se tromper, le sucre, le sel, le vinaigre, la sauce soja et enfin le *miso* (pâte fermentée à base de graines de soja, riz et sel). Évidemment, il ne s'agit pas d'utiliser tous les condiments cités, mais quelle que soit la recette, l'ordre est à respecter le plus scrupuleusement du monde sous peine de rater son plat.

À l'instar de la sauce soja, de nombreux condiments semblent indissociables de la cuisine nippone: le *miso*, le *daikon oroshi* (radis blanc râpé – à mélanger avec la sauce qui accompagne les *tempura*, les fritures japonaises), le *shôga* (gingembre), le *wasabi* (pâte verte très épicée, utilisée principalement avec les *sushi* – à mélanger à la sauce soja), le *tôgarashi* (piment rouge très piquant – abondamment utilisé dans la cuisine coréenne), le *katsuo bushi* (poisson séché, fermenté et fumé pour être râpé – il sert d'agrément pour de nombreux plats). Le poivre est aujourd'hui un peu plus utilisé qu'il ne l'était auparavant mais on peut s'en passer dans la cuisine traditionnelle. Les Japonais se servent beaucoup d'un produit qui s'apparente à du sel mais qui n'en est pas: le *aji no moto* (littéralement «l'origine du goût») ou glutamate; c'est un exhausteur de goût. L'actif, découvert en 1908, provient du *konbu* (algue noire japonaise) et fut breveté par un professeur japonais. Le *aji no moto* est depuis présent dans toutes les cuisines japonaises.

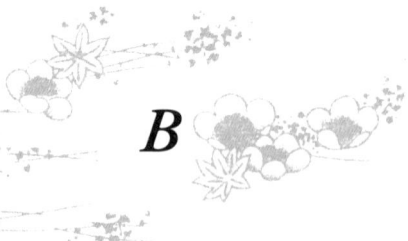

BAINS TRADITIONNELS
温泉 *[ONSEN]*

L'art du bain est ancestral au Japon. C'est certainement le pays où le thermalisme est le plus développé, plus de 2000 *onsen* y sont recensées. Littéralement, les *onsen* sont des sources chaudes liées à l'activité volcanique, aux vertus médicinales, où les Japonais aiment à se délasser en vacances. Les stations de Beppu et Kusatsu sont parmi les plus réputées, et le *dôgo onsen* de Matsuyama, sur l'île de Shikoku, serait le plus ancien du pays. Près de Tokyo, on trouve des *onsen* dans les localités de Hakone, Yugawara, Ito, Nikko Yumoto. Les *onsen*, tout comme les bains publics des villes (*sentô*), sont divisés en deux parties : une pour les femmes, une pour les hommes, car tout le monde se retrouve en tenue d'Ève et d'Adam. Il est de rigueur de bien se laver avant de rentrer dans les bains, à l'exemple des Japonais qui, assis sur leur tabouret en plastique, se lavent une, deux voire trois fois avant de se lancer à l'assaut des bains. Ensuite, on a l'embarras du choix : bassins chauds, glacés, tièdes, à remous, à jets... Il faut savoir que les Japonais prennent des bains brûlants, donc celui dit « tiède » peut sembler difficilement supportable (les températures sont souvent indiquées ; à chacun de connaître ses limites). Au *onsen*, le forfait simple fournit une petite serviette à tous les clients. Les Japonais l'enroulent généralement autour de la taille. Une règle d'or : il ne faut jamais tremper cette serviette dans l'eau ; la plupart du temps, on la pose sur la tête quand on se plonge dans le bain. Une autre précaution à prendre quand on utilise le sauna, il ne faut pas oublier de bien se rincer en sortant si l'on veut continuer à se baigner… Ce sont les quelques règles d'hygiène de base que tout Japonais respecte et qu'il souhaite voir respecter même chez les étrangers.

——— BARS バー [BÂ] ———

Prononcés *bâ* lorsqu'ils sont associés aux hôtesses, et appelés *nomiya* lorsqu'ils sont typiquement japonais, il en existe des milliers et de toutes sortes. Les bars pour Japonais sont souvent très petits avec un comptoir, trois-quatre tabourets autour, et deux ou trois tables maximum. Les bars à étrangers (*gaijin**) sont de type pub irlandais (*pabbu*), dans lesquels il y a plus d'espace et plus d'animation. Néanmoins, pour connaître le vrai Japon, il faut entrer dans les troquets les plus minuscules car ce sont les plus dépaysants ; c'est ici qu'on apprendra à décrypter quelques codes : quand on sort « boire un verre », on ne va pas simplement boire un verre, il faut nécessairement manger ou grignoter quelque chose pour que la soirée soit bonne. De fait, tous les Japonais commanderont pour accompagner leur bière des *eda mame* (haricots plats salés à égrener soi-même) ou encore des *nankotsu* (cartilages de poulets frits qui croquent sous la dent). Enfin, pizzas ou riz cantonais sont souvent au menu. Ce qu'il faut retenir, c'est qu'au Japon « qui boit, dîne ».

BASE-BALL [YAKYÛ] ET GOLF

Le base-ball est presque à élever au rang de sport national. Tous les Japonais savent ce qu'est un *home run* pour l'avoir pratiqué à l'école et le mot *pitcher* ne requiert aucun éclaircissement lexical. Le stade de base-ball le plus connu au Japon est sans doute le Kôshien, près de Kobe, où les Hanshin Tigers sont vénérés comme des dieux par des fans en furie. Certains joueurs sont de véritables stars et le rêve de tous est d'intégrer la *Major League* aux États-Unis. Chose surprenante, les tournois de lycéens sont retransmis deux fois par an, au printemps et en été, sur les chaînes locales. La finale, qui est diffusée par la plus grande chaîne nationale NHK, tient tout le pays en haleine. Signe de cette popularité sans faille, les stars nationales du base-ball, tout comme nos footballeurs préférés, apparaissent dans de nombreux spots publicitaires.

Le seul sport qui puisse rivaliser avec le base-ball en termes d'image est le golf. Les greens ont poussé un peu partout, même sur les toits des buildings, et nombreux sont les *salarymen* qui s'entraînent sans balle dans la rue, avant de se mesurer à leurs collègues ou leurs amis le jour J.

BENTÔ 弁当

Parfois précédé du préfixe honorifique « *o* », le *bentô* désigne le repas pris le midi en dehors de chez soi. Il est souvent préparé la veille ou le matin même avant d'être disposé dans une boîte compartimentée, appelée « *bentô box* ». Autrefois en bois laqué, ces boîtes se sont peu à peu vues remplacées par celles, plus économiques, en plastique. Aujourd'hui encore, pas un écolier ne quitterait la maison sans son *bentô* maison confectionné par sa mère. Toujours sous forme d'assortiments, il comporte généralement une portion de riz surmontée d'une prune salée (*umeboshi*), une portion de poisson ou de viande, une omelette roulée, une petite portion de légumes macérés dans le sel ou marinés dans le vinaigre (*o-tsukemono*) et parfois une minuscule portion de fruits. Confectionner un *bentô* pour son petit copain est une marque d'affection très courante au Japon (la réciproque est bien plus rare!).

Des barquettes express se trouvent aisément dans tous les supermarchés, marchands de *bentô*, kiosques des gares, *combini**, etc. Les magazines ou livres spécialisés *bentô* connaissent un véritable boom ces dernières années parmi la jeune génération qui prend son indépendance et a besoin d'être guidée dans la réalisation de ces déjeuners maison. La nouvelle tendance: les *kyara-ben*! Nouvel exemple des contractions japonaises, *kyara-ben* tire son nom de *kyarakutâ* («character») et *bentô*. Autrement dit, des *bentô* représentant des personnages mignons comme *anpanman*, dessinés à l'aide des aliments composant le menu.

BONS PLANS

Concernant les transports, il existe, outre les Japan Railpass*, que l'on acquiert avant d'aller au Japon, quelques bons plans que seuls les Japonais ou les résidents étrangers connaissent. En voici quelques-uns:
• Le billet «seishun 18 kippu» (青春 18 きっぷ) est proposé par la compagnie JR (Japan Rail) trois fois par an: au

printemps (1ᵉʳ mars-10 avril), en été (20 juillet-10 septembre) et en hiver (12 octobre-20 janvier). Pour 11500 yens (environ 80 euros), on obtient 5 «tickets journaliers». Ces tickets ne sont pas nominatifs et peuvent être partagés entre plusieurs personnes; ils permettent d'emprunter toutes les lignes JR à l'exception des TGV japonais (*shinkansen**). On se déplace exclusivement en train *futsû* (local) ou *tokkyû* (express). Ce qui implique sur de longs trajets d'effectuer plusieurs changements. Ce dispositif s'adresse surtout aux personnes qui ont du temps et l'envie de découvrir le Japon plus en profondeur. L'économie réalisée est néanmoins très intéressante car 11500 yens c'est plus ou moins ce que coûte un aller simple entre Tokyo et Nagoya en TGV (espacées de 350 km).

• On peut également épargner quelques centaines de yens (plus le trajet est long, plus l'économie sera importante) en achetant des billets vendus dans de petites échoppes à auvent jaune. Situées à proximité des gares, elles sont facilement repérables grâce à leur présentoir caractéristique où sont exposés des tickets de toutes sortes dans un joyeux désordre. Bien souvent, les employés ne parlent pas anglais mais si vous savez prononcer le nom de votre destination, il est possible de faire quelques économies appréciables.

• Des pass journaliers sont également disponibles. Il faut se renseigner auprès de l'employé de gare qui vous aidera à les sélectionner.

BURAPI

Ici, le prénom et nom «Bu-ra-ddo Pi-tto» (à savoir Brad Pitt) se contractent pour donner naissance au non moins connu Monsieur *Burapi*, véritable star au Japon. Pour des raisons toutes aussi pratiques, «ordinateur» se dira *pasokon* (*pâsonaru konpyûtâ/personal computer*).

Aucune règle définie ne s'applique à ces néologismes. Parfois ce sont les deux premières syllabes qui forment un nouveau mot, parfois la dernière du premier mot et la première du second, parfois le mot est juste raccourci. Suivant ce schéma aléatoire, de nouvelles abréviations voient le jour quotidiennement. Chacun est libre d'inventer les siennes selon l'inspiration du moment. Certaines restent et passent dans le langage courant grâce à l'utilisation qui en est faite dans la presse. Ainsi, le mot *sefure* (*sekkusu furendo*/«sex friend») a connu son heure de gloire.

Ces habitudes abréviatives ne se limitent pas aux mots étrangers mais viennent d'une pratique courante dans la langue japonaise. La combinaison des deux peut ainsi déboucher sur la création de «mots métis»; c'est le cas du nom de quartier *ame-mura* (*amerika mura*, «village américain») ou encore de l'expression *wan-giri* qui signifie «biper quelqu'un» (*wan* = one pour «une fois», et *giri* pour «raccrocher»). Ne surtout pas s'offenser si quelqu'un propose de faire un «*ya-fess*». N'y voyez aucune référence à votre postérieur, il s'agit simplement d'un concert en plein air (*ya* = 野, *fess* = フェス abréviation de festival)

---— *BUREAU* ———

Pour un observateur étranger, relater la vie de bureau au Japon, c'est un peu comme décrire une scène de théâtre.

Décor. Des cloisons, mais pour quoi faire? *Open*

space est le maître mot au Japon, avec comme objectif affiché de faciliter la communication. But rarement atteint cependant. Les Japonais, très sensibles au regard d'autrui, oseront d'autant moins s'exprimer que tout le monde écoute et regarde. Si l'on est bien attentif, il n'est pas impossible d'entendre les mouches voler...

Comique de répétition. La phrase *otsukare sama (desu)* peut être répétée 10, 20, 30 fois par jour. De mise lorsque l'on croise des collègues dans les couloirs, elle signifie littéralement «Quelle fatigue!». Mais en réalité, c'est une formule qui a perdu son sens et que l'on prononce dès 10 heures du matin en croisant ses collègues à la machine à café, en les recroisant aux toilettes, et ainsi de suite tout au long de la journée.

Comique de gestes. Cela peut surprendre la première fois : les Japonais s'agenouillent systématiquement lorsqu'ils vont voir un collègue à son bureau. On évite ainsi de donner l'impression de dominer la personne restée assise, mais de l'extérieur, la scène ferait plutôt penser à un serviteur aux pieds de son maître.

Enfin, comme au théâtre, chacun se doit de connaître son rôle sur le bout des doigts et respecter l'ordre des interventions. En réunion, il est impensable qu'un employé arrivé en 2010 prenne la parole avant un employé arrivé en 2009, lequel a lui-même l'obligation d'attendre que son supérieur attende l'autorisation de son propre supérieur pour prendre la parole. À part ça, les actes s'enchaînent à merveille.

BUS バス *[BASU]*

Les bus urbains sont généralement conçus de la même manière : on entre par la porte arrière où l'on retire un ticket numéroté, puis on sort par l'avant... sans oublier de payer le chauffeur! Le prix du trajet est indiqué sur un tableau électronique à l'avant du bus. Pour connaître le montant à payer, il suffit d'aviser le chiffre inscrit sur le ticket et de vérifier le tarif correspondant sur le panneau à l'arrivée. Dans le doute, présenter le ticket au chauffeur suffira à connaître le montant. Les prix commencent généralement aux alentours de 200 yens (1,20 à 1,60 euro). Faire l'appoint est nécessaire : si l'on n'a pas la somme exacte sur nous, des machines spécifiques permettent de faire la monnaie avant de payer. Pour les longues distances, des bus transnationaux circulent sur tout le territoire et constituent une bonne alternative au TGV, fort onéreux. Armé d'un peu de patience, on peut rallier Tokyo et Kyoto en 7-8 heures.

◆ La compagnie 123 bus propose un site en anglais *http://travel.willer.co.jp/en/* très pratique pour les voyageurs non japonisants.

CALAMARS ET POULPES

Calamars (*ika*), poulpes (*tako*), etc. Le Japon regorge de spécialités pour le moins visqueuses (caractérisées par l'onomatopée *punyu punyu*). Ces aliments sont partout : dans les supermarchés sous forme de barquette, mais aussi bien vivants, au restaurant dans des aquariums. Il arrive couramment que le serveur ne coupe qu'un seul tentacule du poulpe avant de remettre la bête dans le bassin. Pour n'en citer qu'une, la spécialité des *takoyaki*, originaire d'Osaka, donne la part belle au *tako*. Des boulettes de la taille d'une balle de golf se composent d'un bout de poulpe enrobé d'une pâte rappelant la pâte à crêpe. Elles sont généralement servies par barquette de 6, 8 ou 10 et saupoudrées de *katsuo-bushi* (*voir assaisonnement*). Les *takoyaki-men* sont impressionnants de dextérité dans la confection de ces boulettes de poulpes.

CALENDRIER

Autrefois, le calendrier japonais (connu sous le nom de *kyûreki*, litt. ancien calendrier) suivait le calendrier lunaire chinois. Puis, le pays se mit à compter en ères : la plus connue débute en 1867 à la restauration de Meiji, viennent ensuite les ères Taishô (1912-1925), Shôwa (la plus longue à ce jour, 1926-1988) et Heisei (l'année

2014 correspond à la 26ᵉ année de l'ère Heisei). Chose importante, le nom des ères ne coïncide pas avec les années de règne des empereurs mais correspond à des périodes plus ou moins longues, arrêtées en cas de troubles ; on essayait alors de trouver un nom qui soit de bon augure. Aujourd'hui, la mondialisation aidant, le Japon utilise deux formes de repérage chronologique : alors que les documents officiels privilégient les dates à la japonaise (en ères), partout ailleurs, le calendrier occidental (grégorien) est largement utilisé.

CARTE DE VISITE
名刺 *[MEISHI]*

Pour ceux qui se rendraient au Japon dans le cadre de leur travail, quelques explications s'imposent. La culture de la carte de visite, ou *meishi*, est très forte. Il convient de les échanger en début de rencontre en prenant bien le temps de se présenter et d'examiner avec soin la carte de son interlocuteur. L'idéal est de s'incliner et de dire *Yoroshiku* onegai shimasu* une fois les cartes échangées. Trois règles, au moins, sont à suivre :
• C'est au plus jeune de donner sa carte en premier.
• Il faut la présenter de sorte que la personne puisse lire les informations en un clin d'œil ; idéalement, la carte entre les deux mains, bien à l'horizontale.
• Ne surtout pas ranger les cartes reçues dans son portefeuille, mais les laisser bien en évidence, sur la table devant soi, en respectant l'ordre hiérarchique : la personne la plus « gradée » verra sa carte sise au dessus du lot.

A priori, les Japonais sauront se montrer cléments envers un partenaire étranger qui ne maîtriserait pas encore toutes les subtilités de cet art. L'important étant de ne pas passer trop vite sur ces présentations. Il arrive aussi que l'on s'échange les cartes de visite en dehors du cadre professionnel, dans un bar par exemple, ou au gré des rencontres. Les règles restent identiques, quoique moins strictes.

CHIFFRES

On peut si l'on souhaite apprendre les 10 premiers chiffres :

1 - *hitotsu*	一つ	6 - *muttsu*	六つ
2 - *futatsu*	二つ	7 - *nanatsu*	七つ
3 - *mittsu*	三つ	8 - *yattsu*	八つ
4 - *yottsu*	四つ	9 - *kokonotsu*	九つ
5 - *itsutsu*	五つ	10 - *tô*	十

Ils représentent la façon de compter la plus standard, utilisable en toutes circonstances. On confirme souvent ce chiffre en l'indiquant avec les doigts. Attention, les Japonais comptent en commençant par l'index pour signifier 1, ajoutent le majeur pour 2, l'annulaire pour 3, l'auriculaire pour 4 et finissent par le pouce pour 5. Pour dire 6, on lève une main entière plus l'index de l'autre main et ainsi de suite selon le même schéma.

Les chiffres sont mutants au Japon. Non seulement leur sonorité varie (le chiffre 1 se prononce, selon les cas, « ichi », « i », « hitotsu »...) mais ils peuvent également changer d'aspect.

Lors des mariages traditionnels, une enveloppe contenant de l'argent est remise aux mariés par chaque invité. Afin d'éviter toute modification ultérieure, les chiffres 1, 2, 3 seront ici représentés comme suit :

1 壱　2 弐　3 参

Ainsi, personne ne pourra transformer un 1 en 2 ou 3, en y ajoutant un simple trait horizontal.

——— CINÉMA 映画 [EIGA] ———

Le cinéma des années 1950 (qualifié d'âge d'or et représenté par Kurosawa, Ozu ou Mizoguchi) rayonnait surtout à l'étranger, mais aujourd'hui qui est au courant des sorties japonaises, pourtant nombreuses ? À part quelques films de Kitano ou des films d'horreurs, très peu arrivent à s'exporter au-delà de la Corée.

La société Tôhô (qui a notamment produit Gozilla) est incontournable quand il s'agit de cinéma ; à la fois productrice et propriétaire de salles de cinéma, elle possède la plupart des complexes. Il est possible de voir des films étrangers au Japon car la plupart des salles les projettent en VO sous-titrée. Une place de cinéma coûte aux alentours de 1500 yens (10-12 euros). C'est cher, mais le mercredi, dans de nombreuses salles, les séances sont à 1000 yens pour les filles et tous les jours, les *last show* (dernière séance) sont proposés à un tarif avantageux.

——— COIFFEURS ———

Pour rendre hommage aux œuvres « capillartistiques » croisées dans les rues de Tokyo, un mot sur les coiffeurs japonais s'impose. Ceux qui ont voyagé en Asie reconnaîtront les fameuses colonnes bleu et rouge qui s'enroulent sur elles-mêmes en spirale, marquant l'entrée des *tokoya* (床屋), où on ne coupe que les cheveux d'hommes. En principe, deux coups de ciseaux suffisent à rafraîchir une nuque.

Très loin de ces lieux hors du temps, les temples des choucroutes et autres mèches sensationnelles – sans quoi le Japon ne serait pas le Japon – s'appellent *biyô-shitsu*, littéralement « chambre de beauté » (美容室). Fait intéressant, dans bon nombre de salons, les seuls habilités à couper les cheveux sont des hommes ! Quant aux femmes, elles sont en charge du bac, et nous gratifient d'un massage crânien des plus agréables. Les coiffeurs redoublent d'imagination lorsqu'il s'agit de construire des cathédrales enrubannées sur les têtes des filles, ou de couper une mèche aérodynamique sur le front d'un *host* s'apprêtant à prendre son service.

Depuis quelques années, les *biyô-shitsu* proposent un service pour le moins insolite : le rasage facial pour femme, qui revient à la mode. Il s'agit de raser avec une lame spéciale le petit duvet recouvrant le visage avant une cérémonie de mariage ou un grand événement afin que la peau soit encore plus douce et que le maquillage adhère parfaitement.

COMBINI コンビニ

Parfois écrit *conbini*, *konbini* ou *kombini*, ce mot (abréviation japonaise du mot anglais *Convenience Store*) est indispensable pour quiconque se rend au Japon. Le *combini* est une supérette ouverte 24h/24 et 7j/7. Le concept, tout comme le nom, provient des États-Unis et il existe d'ailleurs de nombreuses enseignes américaines comme Seven/Eleven, Lawson et Family Mart, Sunkus, etc. Tous se ressemblent du point de vue des rayonnages. Les prix sont sensiblement les mêmes d'un *combini* à un autre. Leur grande qualité, outre le fait qu'ils soient ouverts non-stop, est qu'ils disposent de distributeurs automatiques d'argent et d'une machine grâce à laquelle on peut régler ses factures d'électricité, d'eau, de téléphone portable, payer un ticket réservé en ligne, acheter des cartes prépayées, bref tout et n'importe quoi! Seul hic, tout est écrit en japonais, néanmoins les employés sont généralement à même de nous aider s'ils nous voient désemparés. Sinon, que trouve-t-on dans un *combini*? De tout, mais les produits sont un peu plus chers qu'en supermarché et offrent un choix plus limité. Une chose est sûre, il est difficile de s'en passer une fois qu'on y a pris goût!

COOL BIZ

Le Cool Biz n'a rien à voir avec le fait d'être dans l'air du temps! La mesure adoptée en 2005 par le gouvernement Koizumi incitait les *salarymen* à venir travailler sans veste ou cravate durant les chauds mois d'été. Dans un pays où l'apparence au travail est très codifiée, imaginez venir au bureau en manches courtes! Depuis 2005, c'est désormais largement accepté, voire même «tendance». D'un point de vue purement vestimentaire, le Cool Biz est comparable au Casual Friday dans les pays anglo-saxons, mais sa portée est toute autre. La mise en place du Cool Biz avait pour but premier de réduire la consommation d'électricité liée à la sur-climatisation et de combattre, ainsi, le réchauffement climatique. Lors de son adoption, la mesure a fait couler beaucoup d'encre dans les journaux mais a-t-elle vraiment contribué à sauver la planète? Rien n'est moins sûr, au vu des degrés de climatisation toujours pratiqués dans les magasins, les hôtels, les *combini** et les trains.

D

DAME !

Il n'existe pas de traduction parfaite en français pour ce mot, mais on le traduit grossièrement par «non, ça ne va pas». Plus concrètement, *dame* (prononcer «damé») peut être traduit par «c'est interdit». L'emploi de cette expression est généralement accompagné de l'index qui s'agite vigoureusement de droite à gauche. Mais pas toujours... On peut par exemple être victime d'un lancer de *Dame! Dame!* au *onsen* (bain traditionnel*), si par malheur on entre dans le bain sans s'être lavé juste avant. Connaître cette expression permet de réagir avec calme et diplomatie aux injonctions de votre interlocuteur éberlué par votre manque de savoir-vivre. *Dame* peut également être employé pour s'excuser de ne pouvoir faire quelque chose; on le traduit alors par «je suis désolé, ça ne va pas être possible».

DANSE ET ARTS SCÉNIQUES

La danse traditionnelle japonaise, exécutée en *kimono**, est appelée *nihon buyô* (littéralement «danse du Japon»). Ce type de danse est assez lent même si parfois elle peut être un peu plus rythmée lorsqu'elle est pratiquée par des hommes. À l'image de nombreux arts scéniques japonais, le *nihon buyô* est très codé. Accompagnée d'un éventail qui permet d'effectuer des pas précis, cette danse n'est plus vraiment pratiquée aujourd'hui que par certains professionnels. Concernant les danses populaires, nombreuses sont celles rattachées au culte *shintô*. Certaines, visibles dans les sanctuaires lors des *masturi* (festivals*), ressemblent à des transes et offrent un spectacle assez surprenant, loin de l'image que l'on se fait du Japon.

Parallèlement, le pays a produit de nombreux arts assimilés au théâtre : le *kabuki* 歌舞伎, le *nô* 能 ou encore le *bunraku* 文楽. Les trois sont assez similaires par certains aspects : ils sont très codifiés et nécessairement accompagnés d'une narration instrumentale. L'art le plus connu est sans doute le théâtre *nô*, réputé pour son extrême lenteur de jeu, ses masques et costumes somptueux. Né il y a 700 ans, le *nô* tire ses racines des anciens rituels *shintô* (il est d'ailleurs joué sur une scène dont le toit évoque un sanctuaire). Le théâtre *kabuki*, théâtre populaire par excellence, se caractérise, lui, par un maquillage flamboyant, des costumes et des décors impressionnants et une action dramatique qui intègre danse et combats à l'épée. Lors des représentations, il n'est pas rare que le public participe et récite les tirades en même temps que les acteurs, pour avoir vu la pièce un nombre incalculable de fois. En effet, le répertoire n'a presque pas changé depuis le début de l'ère Meiji (*voir calendrier*). Une troupe originaire de Takarazuka (région du Kansai, préfecture de Hyôgo), a choisi de prendre le contre-pied du *kabuki* où tous les rôles sont tenus par des hommes. En effet, dans la troupe Takarazuka, tous les comédiens sont des comédiennes ! (Ce qui était encore le cas du *kabuki* au début XVIIe siècle, mais cette pratique s'arrêta pour des problèmes de prostitution.) Cette troupe est très réputée au Japon, et l'on se rue de partout pour assister à ses représentations. Dans un style un peu différent, le *bunraku* est une forme de théâtre de marionnettes assez complexe où chaque figurine (mesurant les deux tiers d'une taille humaine) au visage de porcelaine est manipulée par trois marionnettistes sur un accompagnement au *shamisen*, instrument à cordes pincées, facilement reconnaissable (peu mélodieux). Dans le registre chanté, le *enka* ne compte plus ses fans. Largement inspiré de la chanson traditionnelle chinoise, cet art du chant se caractérise par une structure chanté/parlé/chanté très dramatico-lyrique et par de nombreuses performances vocales, notamment le «trémolo tenu plusieurs secondes» qui enchante les fans (d'un certain âge) à chaque fois.

DESSERTS デザート
[DEZÂTO]

Café? Dessert? Vous prendrez bien un peu de haricots rouges ou une pâte de riz gluant? Les desserts japonais n'ont pas prospéré hors des frontières. Et pour cause! Nos papilles occidentales peinent à les envisager comme tels. *Azuki* (haricot rouge), *dango* (pâte de riz ferme aromatisée), *mochi* (pâte de riz collante), ça manque un peu de sucre tout ça. Une fois passé le choc émotionnel, et pour peu qu'on aime mastiquer, on devient vite accro.

Les desserts qui se rapprochent le plus du goût occidental sont sans doute les *parfaits* japonais, uniques en leur genre. Pour ces desserts glacés très chargés en glucides et autres décorations comestibles, les Japonais ont poussé le concept à son extrême: on trouve des salons de dégustation spécialisés, avec une carte qui reflète toute la créativité nippone. À goûter absolument !

Petit aparté pour briller lors d'un dîner : lorsque les Japonais commandent un dessert alors qu'ils sont repus, le mot *betsu-bara* fait son apparition. Avoir un *bestu-bara* signifie avoir un « deuxième ventre ». Prononcée par un étranger, cette petite locution fera son effet...

DISCOTHÈQUES

Les discothèques ne font pas encore partie des sorties habituelles des Japonais, qui aiment boire en mangeant, voire boire en chantant, mais pas forcément boire en dansant. Depuis quelques années, néanmoins, quelques boîtes de nuit ont fleuri dans certains quartiers pour étrangers (à Roppongi ou Shibuya pour Tokyo), mais les grands clubs sur plusieurs étages sont tout de même rares. Il s'agit plutôt de bars dansants qui attirent une foule hétéroclite d'étrangers et de Japonais. Ce qui étonnera plus d'un Européen : en boîte, les Japonais dansent face au DJ comme s'ils assistaient à un concert.

DISTRIBUTEURS

Leur nombre incalculable peut étonner. On trouvera à chaque coin de rue des distributeurs de boissons (parfois même d'œufs durs !) et toutes les stations de métro sont dotées d'au moins deux machines. Mais ils s'invitent aussi à l'intérieur des *combini** ou des restaurants. Les restaurants bon marché avec des formules définies ne s'embarrassent pas de vous faire passer commande ; une machine, 20 choix et une pression du doigt sont suffisants. Aussitôt le ticket imprimé, le menu est apporté en 30 secondes chrono. Dans certains *combini*, outre les habituels plateaux-repas, qui peuvent être réchauffés sur simple demande, il est possible de commander des plats plus élaborés grâce à des distributeurs de plats chauds. Si des distributeurs de boissons sont placés juste devant les *combini*, sachez que les boissons sont plus chères qu'en magasin. Des distributeurs de tabac et d'alcools sont également présents dans les rues ou les clubs, mais sans la carte spécifiant que l'on a plus de 20 ans et que l'on est autorisé à consommer, impossible d'acheter quoi que ce soit.

DOCTEUR, C'EST GRAVE ?

Quand les Japonais ont un rhume, ils ne vont pas chez le médecin mais « à l'hôpital », ce qui peut, de prime abord, sembler excessif. En réalité, il existe peu de praticiens indépendants, ceux-ci sont regroupés en clinique privée ou à l'hôpital. Pour ceux qui devraient visiter ces hôpitaux japonais, il faut savoir qu'il n'y a généralement pas d'examen physique, ni de questions sur les antécédents ou allergies possibles, les médecins japonais aiment plutôt prescrire des antibiotiques et « voir ce que ça donnera ». Les médicaments sont vendus dans des pharmacies rattachées à l'hôpital, sans aucune indication de marque ou de nom, dans des pochettes en papier sur lesquelles est indiquée la posologie. Chaque pochette renferme le nombre exact de cachets. L'avantage de ce système est qu'il n'y a pas de gâchis, l'inconvénient réside dans le fait que l'on ne peut pas connaître la composition de la thérapeutique.

Les composants sont souvent différents de ceux en France et les doses sont un peu plus faibles. Pour une simple migraine, il est possible d'acheter des médicaments sans ordonnance dans les *yakkyoku* 薬局 (sorte de supermarché beauté/santé aux couleurs criardes qui proposent notamment des barres chocolatées à côté de produits amincissants!). L'aspirine, qu'on bénira pour sa dénomination internationale, est donc facile à obtenir, si toutefois on n'oublie pas de le prononcer à la japonaise : *asupiline kudasai** (s'il vous plaît). Les Japonais distinguent la médecine «interne» (naika 内科) de la médecine «externe» (geka 外科).

―――― *DORAMA* ドラマ ――――

Les règles de prononciation japonaise ont quelque peu modifié le mot anglais originel *drama*, tout en en altérant un peu le sens. En effet, les *dorama* n'ont rien de dramatique, ce ne sont rien de plus que des séries télé, surjouées, irréalistes, très bruyantes, mais fort distrayantes. Certains *dorama* ont connu un vif succès au Japon. Les histoires centrales sont sensiblement les mêmes : une fille, un garçon, une histoire d'amour qui commence mal et finit bien. Le tout agrémenté de saynètes où la famille et les amis se réunissent (souvent autour d'une table).

Depuis quelques années, les *dorama* coréens, plus romantiques et mélodramatiques, sont très appréciés au Japon ; l'acteur Yon-sama est d'ailleurs considéré comme un demi-dieu par la ménagère japonaise.

E

EAU 水 / 湯

La langue japonaise distingue l'eau froide *(o)mizu* お水 de l'eau chaude *(o)yu* お湯. Pour ne pas créer l'hilarité dans la salle, il faut se rappeler que si l'on demande une carafe d'eau au serveur, on dira *omizu-kudasai* et non *oyu-kudasai*... sauf si, bien sûr, on souhaite de l'eau chaude pour se refaire un thé.

Le caractère utilisé pour désigner l'eau froide peut se prononcer « sui ». Il est notamment utilisé pour distinguer *nansui* (« eau souple ») et *kôsui* (« eau dure ») dont la définition reste obscure pour qui n'est pas japonais. Au cas où vous l'ignoreriez, sachez que l'eau française est « dure ». Un Japonais saura expliquer pourquoi *nansui* est tellement mieux que *kôsui*...

ÉCONOMIE

Au Japon, la question économique relève du statu quo. Et l'on comprend pourquoi : le modèle économique japonais a permis au pays de se hisser à la place de 2e puissance mondiale durant de nombreuses années. Aujourd'hui détrôné par la Chine, le Japon reste une puissance économique reconnue. En termes de répartition, son économie repose essentiellement sur l'exportation de produits manufacturés. Le pays étant pauvre en matières premières, il lui faut importer ; l'exportation a pour but de supporter ce coût conséquent. La crise du yen fort, *endaka* (provoquée par les États-Unis qui craignaient une concurrence top rude de la part des Japonais), s'était soldée par une période de récession (éclatement de la bulle) qui a marqué les années 1990. Depuis, le Japon s'est remis de la crise sans pour autant retrouver l'état de grâce tant regretté d'avant crise.

Pendant longtemps, l'économie de marché était largement régulée par le MITI (ministère de l'Industrie et du Commerce extérieur). Réformé sous Koizumi en 2001, le nouveau ministère METI (de l'Économie, du Commerce et de l'Industrie) a été contraint de se délester de certaines prérogatives, induisant une dérégulation du marché. Mais l'État intervient encore largement quand il l'estime nécessaire. Il faut savoir que le Japon est le pays qui a l'une des dettes publiques les plus élevées au monde. Preuve de l'interventionnisme de l'État, en 2010, pour relancer l'économie du pays en crise, la diète a voté une loi permettant de remettre une enveloppe de quelques centaines d'euros à chacun de ses compatriotes (et même aux résidents étrangers!). Cette enveloppe était destinée à être dépensée au restaurant, en vacances, autrement dit sur le sol japonais. Autre fait relayé dans les médias, pendant la crise, nombre de patrons et d'employés ont accepté de revoir leur salaire à la baisse «pour le bien» de l'économie japonaise, et sa compétitivité. Impensable en France!

ÉCRITURE

La langue japonaise ne possédait pas d'écriture avant l'introduction des idéogrammes chinois. On les appelle *kanji*, ce qui signifie littéralement «lettres des Kan», nom japonais donné à la dynastie Han chinoise. Il demeure difficile de dater l'introduction de ces caractères mais ils auraient commencé à être utilisés aux alentours du Vᵉ siècle. Le *kanbun* fut la première forme d'écriture japonaise, calquée entièrement sur le système chinois. Les gens de la cour devaient apprendre le chinois (un peu comme le latin en Europe). Par la suite, on inventa la technique du *manyôgana* qui consistait à utiliser certains *kanji* précis non pour leur sens mais pour leur valeur phonétique afin de retranscrire les sons composant la langue japonaise. Découlant directement de cette pratique, une autre forme d'écriture vit finalement le jour au VIIIᵉ siècle à travers l'art des poétesses de la cour de Heian (ancienne appellation de Kyoto) qui s'appuyèrent sur les caractères *manyôgana*, en en simplifiant la forme pour créer l'alphabet syllabique *hiragana* 平仮名, dont voici la première rangée :

(a, i, u, e, o) あいうえお

Plus tard, un troisième alphabet, appelé *katakana* 片仮名 et calqué sur le modèle des *hiragana*, fut créé afin de retranscrire les mots étrangers. Si les *katana* s'inspirent des *hiragana*, leur aspect est plus rigide :

(a, i, u, e, o) アイウエオ

Il apparaît donc que le Japon fonctionne aujourd'hui avec trois systèmes d'écriture différents : on peut aisément retrouver dans une même phrase des *kanji*, des *hiragana* et des *katakana*. En fait, il serait virtuellement possible d'écrire tous les mots en *hiragana* mais étant donné que les Japonais ne mettent pas d'espaces entre les mots, cette alternance d'alphabet permet d'opérer les séparations lexicales plus facilement.

L'art de la calligraphie (*shodô*) a accompagné le développement de l'écriture japonaise, mais il est loin d'être maîtrisé par tous. Il requiert concentration, technique et sens de l'esthétique afin de créer des pièces originales et stylisées (parfois tellement que l'on ne reconnaît pas le caractère). Quelle que soit la technique employée (*kaisho* ou style carré, *gyôsho* ou style semi-cursif, *shôsho* ou style cursif), en calligraphie le caractère doit être produit en un seul souffle, c'est-à-dire en l'espace de quelques secondes et sans aucune retouche.

EEEETTO NE…

À prononcer comme le mot français « étonné » en faisant redoubler le *t*.

Quand on est amené à demander son chemin à un Japonais, la réponse est quasi systématiquement précédée de cette formule. Ces sons n'ont d'autre fonction que d'indiquer à l'interlocuteur que l'on réfléchit. C'est un peu comme le « euh » français, sauf que celui-ci est en trois syllabes. Plus formel, il existe également le *eeeetto desu ne* qui signifie exactement la même chose, mais de manière plus polie. Dans la même catégorie, le mot *ano*, également décliné en *ano desu ne*, est employé à l'occasion.

ÉMISSIONS DE TÉLÉ

L'image qui est en donnée dans le film de Sofia Coppola, *Lost in translation*, n'est pas si éloignée de la réalité. Les émissions japonaises sont souvent loufoques avec quelques constantes : couleurs criardes, boîte à son, hurlements, agitation, sous-titrages permanents… Il existe quelques émissions sérieuses mais qui n'arrivent pas à se défaire des décors rose fluo et des panels de *talento*. Les *talento*, ce sont les gens qu'on voit à la télévision ; ils ont généralement un talent, comique ou artistique, mais pas toujours. On devient *talento* parce qu'on passe à la télé et non l'inverse. En d'autres termes, devenir *talento* est un tremplin pour « gagner du talent ». Parmi les plus connus se trouve le groupe SMAP. Ils sont animateurs, chanteurs, acteurs, comiques et même chef cuisiniers à l'occasion ! Il faut savoir qu'au Japon, la nourriture est présente dans tous les programmes de télévision. Peu importe comment mais il faut qu'elle apparaisse à l'écran au moins une fois par émission. D'ailleurs, dans les jeux télévisés, la récompense est très souvent quelque chose à manger. Et les candidats de s'extasier *oishiiiii** (miaaaaaam) à chaque bouchée filmée en plan XXL...

Le réalisateur Takeshi Kitano, bien connu en France, est une véritable star de la télévision, connue sous le nom de « Beat Takeshi » (*bîto takeshi*) lorsqu'il assume ce rôle de présentateur – il est moins acclamé pour son œuvre cinématographique. Sa dizaine d'émissions hebdomadaires (souvent agitées) diffusées sur la NHK, Asahi TV ou encore Fuji Terebi sont parmi les plus regardées.

ÉQUILIBRÉ

On décrit souvent la cuisine japonaise comme la plus équilibrée du monde. C'est loin d'être faux, mais on omet de dire que de nombreuses spécialités japonaises sont à base de friture comme les *karaage* (petites bouchées de poulet frit), *kushikatsu* (brochettes de viande, légumes ou fruits de mer trempées dans la farine et l'huile – servies très chaud), *tonkatsu* (porc pané frit accompagné d'une sauce aigre douce très calorique) ou *tempura* (beignets traditionnels de crevettes, potiron, oignon, aubergine, etc.). Cette vraie fausse idée de repas 100% diététiques vient certainement du fait que les Japonais mangent beaucoup de poissons et fruits de mer, lesquels constituent effectivement les bases d'une alimentation saine. Mais un régime à base de riz n'est pas sans désagrément : il provoque certaines carences en fibre qu'il faut alors compenser pour ne pas souffrir de constipation, ce mal bien japonais que les publicités ne manquent pas de rappeler.

ÉTÉ

Mieux vaut éviter le Japon en été. Du propre aveu des Japonais, c'est «l'enfer sur terre». Il fait généralement autour de 35 °C avec 100% d'humidité, un soleil de plomb... La climatisation omniprésente offre des moments de répit, mais c'est aussi le meilleur moyen d'attraper une angine. Mieux vaut donc s'épargner ces désagréments en planifiant bien son voyage. Une alternative si l'on voyage l'été consiste à cibler ses visites sur l'île d'Hokkaidô (la plus au nord) où le climat reste chaud mais agréable. La meilleure période reste le printemps, quand on peut admirer les cerisiers en fleurs dans un climat ensoleillé mais qui reste doux. Elle correspond malheureusement à la haute saison et les prix pratiqués s'en font ressentir. Certains objecteront qu'en évitant la saison estivale, on se prive des nombreuses festivités liées aux *matsuri* (festivals*). Toutefois, certains *matsuri* ayant lieu en septembre, la difficulté peut être contournée. À cette période, le climat reste chaud et humide mais beaucoup moins qu'en plein mois d'août.

F

FAST-FOOD

Alors que le Japon est souvent perçu comme le pays de la consommation à outrance, les Mac Do, symboles de cette société de consommation, ne sont pas aussi nombreux que dans d'autres pays. Et surtout, ces fast-foods ont le même sens du service qu'ailleurs ! En effet, le sandwich que l'on achète ressemble à la photo du présentoir. Les Japonais ont même créé leur propre chaîne, le Mos Burger, qui n'existe que dans le pays. Les sandwiches y sont plus petits (adaptés aux goûts des Japonais) et savamment empilés avant d'être délicatement enveloppés dans du papier.

FESTIVALS 祭 [MATSURI]

Festival, c'est ainsi que le mot *matsuri* (souvent précédé de la lettre *o*) est traduit dans nombre de guides ou brochures pour touristes. Si on pense aux paillettes du festival de Cannes, ou à un festival de musique, il convient de faire une petite mise au point lexicale. Les *matsuri* sont des fêtes populaires ancestrales, généralement accompagnées de feux d'artifice, dans lesquels on visite de nombreux stands, un peu comme à une fête foraine. Les lanternes japonaises (*tchôtchin*) décorent alors les allées de stands ou les entrées des monastères. Les Japonais sont friands de ces fêtes qui débutent souvent au printemps et s'égrènent jusqu'à la fin septembre dans toutes les villes du pays. Certains *matsuri* rassemblent des millions de visiteurs venus se presser le long des berges animées pour l'occasion. Quand le *matsuri* a une connotation religieuse, il s'accompagne de processions qui parcourent la ville. Celles-ci sont généralement calmes, sans emphase. Rien à voir avec le carnaval de Rio, bien que sur l'archipel d'Okinawa*, les tambours utilisés lors de certaines manifestations puissent donner un aspect plus festif à la procession. Le *hohoho matsuri* est un festival particulier qui se tient à Nagoya dans la préfecture d'Aichi. À la nuit tombée, des personnages masqués forment une ronde et répètent en chœur *hohoho* comme s'ils riaient. Comme quoi les *matsuri* peuvent aussi donner la chair de poule.

JOURS FÉRIÉS

Le Japon, à défaut de donner 5 semaines de congés payés à ses employés, leur offre une quinzaine de jours fériés. Au final, il se classe parmi les pays qui en comptent le plus. On notera le jour du passage à l'âge adulte (2ᵉ lundi de janvier), le jour de l'empereur (29 avril, date de son anniversaire), le jour de la constitution (3 mai), le jour des enfants (le 5 mai), le jour de la mer (3ᵉ lundi de juillet), le jour des anciens (3ᵉ lundi de septembre), le jour du sport (2 octobre), etc.

Les deux temps forts sont marqués par la *golden week* en mai (qui fait le pont entre la date d'anniversaire de l'empereur et la fête du 5 mai) et la toute nouvelle *silver week* (octobre). Le terme *renkyû* vient de la contraction de *renkyû kyûka* (jours fériés d'affilée). C'est la seule façon pour les Japonais d'espérer voyager un peu.

Viennent ensuite les célébrations religieuses : *o-shôgatsu* et *o-bon*. Le *o-shôgastu* est le Nouvel an japonais, sorte d'équivalent de Noël en Europe dans son mode de célébration. On se réunit en famille le 31 pour manger le repas traditionnel (*osechi ryôri*) en admirant les feux d'artifice à la télé et le 1er au matin, très tôt, on se rend au sanctuaire *shintô* le plus proche pour aller prier et «laver sa mémoire des mauvais moments de l'année passée». La fête du *o-bon*, célébrée en août, est l'occasion pour les Japonais de se rendre dans leur famille (surtout s'ils habitent loin d'elle) et de rendre hommage aux morts selon les rites bouddhiques.

FOOTBALL

Bien que les Américains ne brillent pas dans les tournois mondiaux, c'est bien le terme anglo-saxon qui est utilisé au Japon pour parler de football. Le *sakkâ* (*soccer*) est désormais presque aussi populaire que le baseball*. Impossible de parler de foot sans évoquer les Samouraïs Blue. Surnommée ainsi à cause de la couleur de ses maillots, l'équipe nationale a, semble-t-il, gagné en technicité et popularité. Dans les pas de Nakata, c'est aujourd'hui Honda (joueur à l'allure rebelle, teint en blond) qui endosse le rôle de coqueluche de l'équipe, après avoir marqué deux buts qualificateurs en huitième de finale pour la coupe du monde 2012. En 2011, l'équipe féminine est, elle, allée jusqu'au bout : les Nadeshiko (nom tiré d'une fleur ressemblant aux œillets) ont remporté la coupe du monde de foot féminin.

FUJI-SAN 富士山

Le mont Fuji est un symbole suprême au Japon. La montagne orne de nombreuses couvertures de guides mais aussi les murs des *sentô* traditionnels (bains publics japonais). Le Fuji-san (et non Fuji-yama) représente quelque chose de sacré pour les Japonais. Au Nouvel an, un classement des rêves de bon augure place cette montagne en tête (suivi de l'aigle et de l'aubergine). Culminant à 3776 m, le mont Fuji se trouve au sud-ouest de Tokyo. Il est possible de l'escalader, notamment pendant la période qui s'étend du 1er juillet au 27 août, considérée comme la meilleure. Mieux vaut partir équipé car l'ascension est plus difficile qu'il n'y paraît. Cependant, il est aussi fort agréable de l'observer d'en bas, à proximité des lacs qui bordent ses flancs. Le district des Cinq Lacs du mont Fuji offre en effet un décor propice aux excursions, aux balades en bateau, aux joies du camping ou du pique-nique!

FURANSU フランス

Pour se lancer dans des présentations d'usage, rien de mieux que de commencer par apprendre le nom de son pays en japonais. Pour la France, nous obtenons le mot *furansu*. Comme pour les noms et prénoms, le secret est de décomposer les syllabes. La difficulté de compréhension dépendra évidemment des sons qui composent le mot. Pour décliner sa nationalité, il suffit d'ajouter *-jin* au nom du pays: *furansu-jin* (français/e), *supein-jin* (espagnol/e), *itarya-jin* (italien/ne), *doitsu-jin* (allemand/e), *suisu-jin* (suisse), *berugi-jin* (belge), *kanada-jin* (canadien/ne), etc. Afin de dire «je suis français/e », le plus simple est de pointer son nez avec son index et de dire *furansu-jin*, mais la formule complète est : *(watashi wa) furansu-jin desu*. Ce à quoi un Japonais répondra : *watashi wa nihon-jin desu*. *Nihon* désigne le Japon en japonais, les caractères signifiant « l'origine du soleil ». *Nippon* est parfois employé mais le mot rappelle, pour certains, quelque peu les élans nationalistes d'avant-guerre.

Concernant la pratique de la langue française au Japon, le « franponais » règne sur l'écrit comme le *japanglish** domine l'oral. Historiquement, la France et la langue française revêtent un caractère de raffinement que les Japonais aiment à donner, en nommant leur boutique par exemple. Vous le découvrirez assez rapidement, les *ç, ê, â* et autres bizarreries de l'orthographe française viennent parsemer les enseignes affublées de ces noms *so chic*! Parfois, on tombe sur des combinaisons improbables (du type « qçêrg ») ou bien des noms de marque plutôt cocasses (comme les chaussures Cocue)... Enfin, sachez qu'il n'est pas rare de déguster des « crépes », « crèpes » ou « crepes » à la place de nos chères crêpes bretonnes. Visiblement, peu sont ceux qui font appel à un traducteur et l'on obtient souvent un résultat approximatif. Malgré (ou grâce à) cela, certaines enseignes *à la française* ont gagné une popularité sans nom : Franc Franc (mobilier) ou Comme ça de Ism (prêt-à-porter). Lors de votre voyage, n'hésitez donc pas à observer les enseignes et menus regorgeant de ces merveilles lexicales qui vous garantissent de bons fous rires.

G

GAIJIN

Le mot *gaijin* peut se décliner sous différentes formes : *gaijin san*, *gaijin sama* ou *gaikoku-jin* (le même *-jin* utilisé pour les nationalités). Il désigne les étrangers (littéralement « gens du dehors ») sans distinction. La forme courte *gaijin*, abréviation du mot *gaikoku-jin*, est à l'origine péjorative, mais beaucoup de Japonais l'emploient aujourd'hui sans penser à mal. L'utilisation des mots *gaijin-san* ou *gaijin-sama* est toutefois plus respectueuse.

Le Japon ne s'étant ouvert que sous l'ère Meiji, à la toute fin du XIXe siècle, peu d'étrangers résident au Japon. Il n'est donc pas rare d'être perçu comme une curiosité, encore aujourd'hui. Cela dépend bien entendu de la taille de la ville. À Tokyo on passe plus inaperçu qu'au fin fond de la campagne d'Hokkaido. Dans tous les cas, pour 90 % des Japonais qui se lancent dans le jeu des devinettes, les *gaikoku-jin* sont classés selon cet ordre : Américain, puis Australien ou Canadien, en dernier choix... Anglais. Passées ces quatre nationalités, ils donneront leur langue au chat. Une fois démasqués, les Français profitent du fait que la France soit connue et reconnue au Japon. Les (certes rares) Iraniens, ou même Marocains, n'ont pas cette chance, car le Japonais lambda ne saura certainement pas situer leur pays sur une carte pour autant qu'il le connaisse. Dans l'imaginaire japonais, les étrangers sont donc catégorisés anglophones d'office et sont souvent alpagués par des «hello! hello!» qui se veulent amicaux.

──── *GAMBATTE!* 頑張って ────

L'expression *gambatte*! résume assez la philosophie de vie des Japonais. Crié avec ferveur au cours des matchs de football, le verbe à l'impératif sert à encourager son équipe ou son athlète préféré. La phrase était dans toutes les bouches et sur toutes les banderoles de soutien après le tsunami survenu en mars 2011. *Gambatte, Nihon*: «Allez Japon!»/«Courage!».

L'effort est l'une des qualités essentielles de tout bon Japonais qui se respecte. Voilà pourquoi, alors que l'expression est souvent traduite par «bon courage», elle implique, en fait, plus que cela. En souhaitant «bon courage pour tes examens», on insinue: «Il ne tient qu'à toi de faire tous les efforts nécessaires pour réussir…» et non pas «ça va être difficile, mais tiens bon».

Utilisé à la forme négative (*gambaranai*), le verbe peut se révéler assez efficace pour faire des remontrances à un enfant ou à un employé qui aurait failli à sa mission d'endurance. Il est très utilisé à la forme affirmative par les nouveaux employés qui souhaitent faire bonne figure et qui ponctuent leur discours d'arrivée par des *gambarimasu* à tout bout de champ – si l'on paraphrasait, on obtiendrait «Chers collègues, je vais travailler comme un fou pour être digne de votre respect».

──── *GEISHA* 芸者 ────

Les *geishas* ont longtemps intrigué les Occidentaux.

Elles sont réputées pour leur grâce, leur teint diaphane et la beauté de leur costume. Même s'il en existe de moins en moins, le quartier Gion à Kyoto est considéré comme le fief de ces dames de compagnie très cultivées, douées pour le chant, la musique, la danse et les arts de la table. L'image de filles de joie qu'elles ont pu avoir en Occident à un moment donné est bien éloignée de la réalité. Avant de devenir *geisha*, on est tout d'abord *maiko* (apprentie *geisha*), période durant laquelle on perfectionne ses dons artistiques. S'il est mentionné dans de nombreux guides que l'on peut les apercevoir dans le quartier de Gion, il faut être très patient car elles sortent peu et se dissimulent souvent dans des taxis afin de se rendre dans une maison voisine – ce qui alimente encore plus la part de mystère qui les entoure. Inutile de préciser que dîner en compagnie d'une *geisha* n'est pas à la portée de toutes les bourses.

GESTUELLE

Les Japonais utilisent peu leur visage lorsqu'ils s'expriment. Le politiquement correct les enjoint à cacher leurs sentiments, et ils affichent souvent un visage impassible ou un sourire en toutes circonstances. Cela dépend des gens, de leur âge et leur statut social mais les Japonais utilisent davantage leurs mains ; il s'agit plutôt de gestes discrets et maîtrisés, en rien comparables à la gestuelle latine.

Ainsi, pour se désigner, les Japonais montreront leur nez avec leur index et pour montrer qu'il pleut, ils tendront la main comme un mendiant. Lorsque quelqu'un veut signifier qu'il y a erreur, il agite la main, doigts bien serrés, devant le nez (comme si ça sentait mauvais). On évoque l'argent en formant une pièce invisible à l'aide du pouce et de l'index, les trois doigts restants libres. Enfin, l'auriculaire, levé seul, signifie «petite amie» et le pouce «petit copain». Toutes ces petites différences qui donnent au Japon son caractère exotique peuvent parfois créer quelques incompréhensions...

GOMA

Goma signifie graine de sésame. Cet ingrédient est abondamment utilisé au Japon, dans des préparations aussi banales que des vinaigrettes, quand il n'est pas simplement saupoudré sur les ingrédients. Il existe une spécialité appelée *goma dôfu*, originaire de la région du Kôyasan (*voir Randonnées*) et qui est un tôfu réalisé à partir de graines de sésame. De couleur gris marron et au goût assez prononcé, il est vendu dans toutes les grandes surfaces japonaises. Le sésame fait partie intégrante de la vie des Japonais et l'expression *goma o suru* (que l'on mime en décrivant des cercles d'une main au-dessus de l'autre main resserrée en poing formant alors un socle) le démontre bien. Ce geste représente l'action de moudre la graine de sésame, et semble lié à l'hypocrisie car *goma o suru* peut être traduit par l'expression française «passer de la pommade à quelqu'un».

GRANDES ROUES

Il semblerait que les Japonais soient de grands amateurs de cette attraction car on en dénombre plus d'une dizaine sur l'archipel, parfois en plein centre-ville. Dans la ville d'Osaka, la grande roue Hep Five rouge étincelant, située à Umeda, est le point de repère et de rencontre des jeunes. Celle de Kobe est un trait caractéristique de la zone portuaire. À Tokyo, la grande roue de la presqu'île d'Odaiba a longtemps été la plus grande du Japon mais a finalement été détrônée en 2002 par la Sky Dream de Fukuoka (120 m de haut).

Dans l'ensemble, les parcs d'attractions font recette au Japon. Le Disneyworld de Tokyo draine des visiteurs de tous les coins du pays, venus pour l'occasion. À Osaka, le concurrent USJ (Universal Studio Japan) attire lui aussi de nombreux visiteurs.

GRANDS MAGASINS 百貨店 *[HYAKKATEN]*

Les Japonais qui se rendent à Paris font nécessairement un saut par les Galeries Lafayette. Mais à dire vrai, celles-ci ne sont rien en comparaison des grands magasins japonais qui en impressionneront plus d'un. Certains sont tenus par les grandes sociétés ferroviaires et se trouvent tout naturellement à proximité des gares ; c'est le cas des grands magasins Kintestu et Hankyu. Il existe de nombreuses autres chaînes Tokkyu Hands, Parco, Isetan, Takashimaya, Marui, Daimaru, Sôgô réparties à travers le Japon. Tous ces grands magasins sont ouverts 7j/7 et représentent sans doute l'activité préférée des Japonais. À l'image de la Grande Épicerie du Bon Marché à Paris, la plupart possèdent un *food court (fûdo kôto)* en sous-sol, assez haut de gamme, où il est possible de trouver, entre autres, des articles importés comme des olives ou du Nutella. De plus en plus, les Japonais utilisent le terme anglais *mall* pour parler des grands magasins.

GROUPISME

Appelée *shûdan-shugi*, la notion de groupisme (néologisme s'opposant à l'individualisme) permet souvent de qualifier la société japonaise. Pour la décrire, la célèbre sociologue Kanae Chie parle d'une société verticale (*tate shakai*) où les individus entretiennent des relations très hiérarchisées, garantes de l'ordre et du bien-être de la société dans son entier. Beaucoup de ces préceptes s'appuient sur le confucianisme (considéré, à tort comme une religion) qui met notamment l'accent sur le sens de la piété filiale, du respect des anciens.

Le fait que l'uniforme, porté à l'école puis au travail, soit si répandu au Japon atteste de ce mode de pensée. En effet, les écoles, même publiques, exigent le port de l'uniforme. Cela permet d'une part de repérer le blason de l'école, d'autre part de faire plus attention aux élèves, souvent laissés à eux-mêmes dans le train ou dans la rue. Il s'opère donc une sorte de prise en charge collective de la sécurité des plus jeunes. L'uniforme, de rigueur dans bon nombre d'entreprises, permet, semble-t-il, une meilleure cohésion du groupe.

H

HABITATIONS

Les maisons traditionnelles étaient généralement en bois, assez grandes avec un couloir extérieur qui bordait la maison (*engawa*), et pour les familles les plus aisées, un jardin intérieur. Les pièces étaient recouvertes de tatamis et fermées par des panneaux coulissants en papier japonais. Aujourd'hui de moins en moins de sols en sont revêtus, mais toutes les superficies sont encore données en taille de *tatami* (un tatami 畳 = 91 x 182 cm). C'est dire l'importance qu'il a dans ce pays! Beaucoup de ces habitations étaient dotées de pièces exclusivement dédiées à l'esthétique, appelées *toko-noma*, sorte d'alcôve où l'on installait une estampe, une calligraphie ou une composition florale (de type *ikebana* – représentation au moyen de fleurs ou de plantes, de la nature idéalisée selon des règles précises : un nombre limité de tiges, toujours impair et disposées minutieusement).

Aujourd'hui, l'architecture moderne japonaise laisse peu de place à l'esthétique; les grandes maisons en bois précieux sont remplacées par de petits logements identiques dont les murs semblent faits de carton. Les appartements (*apâto*) sont constitués de pièces à l'occidentale (*yôshitsu*) mais très fréquemment, on trouve au moins une pièce japonaise (*washitsu*) recouverte de tatamis, qui sert de chambre à coucher.

Traditionnellement, la chambre parentale accueillait les enfants jusqu'à 7-8 ans. C'est encore le cas dans beaucoup de familles où l'on dort en respectant la tradition du *kawa no ji* (caractère de la rivière = 川) : les deux parents de chaque côté, l'enfant (ou les enfants) protégé(s) au milieu. Les appartements modernes conservent d'autres traditions : le *genkan* (vestibule à l'entrée avec une marche où l'on se déchausse) ou les *shôji* (panneaux coulissants pour fermer la pièce japonaise). Enfin, la plupart des familles possèdent un *butsudan* qui permet de rendre hommage aux morts. Cette installation ressemble à une petite armoire dont on ouvre les battants afin d'y déposer les offrandes.

HAI !

Mot extrêmement fréquent dans la conversation, souvent traduit à tort par « oui ». S'il peut l'être effectivement, *hai* signifie plus « j'ai compris » que « je suis d'accord avec vous ». Dans, une conversation, cela signifie donc « je vous suis ». C'est la façon qu'ont les Japonais de marquer leur intérêt. Mais dans d'autres circonstances il peut vouloir dire « voici », lorsqu'on vous tend quelque chose. Et à l'inverse, « je l'ai » si vous recevez quelque chose. Il peut être utilisé en levant la voix pour signifier : « Pardon ? Je n'ai pas bien compris... » ou encore pour se donner une contenance avant de parler. Ambiguïté de la langue...

HALF

En japonais, *hâfu* (*half*) sert à qualifier les métis. Récemment, le mot *daburu* (double) semble gagner en popularité, évitant ainsi aux métis japonais de se vivre comme une simple moitié. Pendant longtemps, il était difficile d'être un enfant métis au Japon. Souvent victimes de brimades (*ijime*) à cause de leur différence, les métis finissaient par rejeter leur part d'exotisme. Aujourd'hui les choses ont un peu changé, et de nombreuses stars de la télé sont devenues célèbres justement parce qu'elles étaient *half*: Becky-chan, métisse anglo-japonaise, en est un exemple. Ces dernières années, certaines filles vont même jusqu'à faire des enfants avec des étrangers dans le seul et unique but d'avoir un bébé *hâfu*, sans toujours mesurer l'impact que cela aura sur l'enfant. Car, si aujourd'hui à la télé les *hâfu* sont des stars, dans les cours de récré c'est une autre histoire.

HAMA [BICHI/BEACH]

Composante de certains noms de villes comme la célèbre Yokohama, *hama* désigne la plage (même si le mot est plus rarement utilisé aujourd'hui par la jeune génération qui lui préfère le terme *bîchi/beach*).

Le Japon n'est certainement pas connu pour ses plages et pour cause! À part à Okinawa*, celles des îles principales sont souvent noires de monde bien que petites, grises, dures, et peu soignées. En effet, les plages sont peut-être les seuls endroits au Japon où la propreté n'est pas respectée. Les Japonais vont rarement à la plage pour nager; il s'agit plutôt d'un terrain de chasse amoureux privilégié. Les Japonaises en recherche d'aventure s'y rendent donc coiffées comme à un défilé de mode, maquillées jusqu'au cou et en talons aiguilles! Il serait, ensuite, impensable de ne pas consommer une bière bien fraîche dès son arrivée (quelle que soit l'heure!) sur le lieu souvent équipé de «cabanes de restauration» – le sable est généralement jonché de cadavres de canettes vides et mégots de cigarettes. Le second point négatif est l'invasion de méduses presque chaque année. En conclusion, un étranger averti n'ira à la plage qu'en cas de force majeure ou alors seulement dans un but tout autre, pas exempt de boissons, car la baignade n'est pas des plus plaisantes.

Certaines plages dans la région de Wakayama offrent néanmoins un décor un peu plus accueillant: la plage de Shirahama (litt. «plage de sable blanc») devrait se rapprocher de l'image que l'on se fait d'une journée à la mer, mais elle est vite envahie aux premières chaleurs.

HASHI 箸

Il existe divers types de baguettes, *hashi* ou *o-hashi*, plus ou moins onéreuses, allant du plastique au bois laqué. Au grand dam de certains, peu de restaurants proposent des couverts, mais on peut généralement en demander si l'on ne maîtrise pas encore l'art des baguettes (attention à bien aspirer le *h* de *hashi* sinon les baguettes se transforment en «pied» – *ashi*...). Depuis quelques années, l'opinion publique s'est rendu compte de l'extrême gaspillage provoqué par les baguettes jetables (*waribashi*) et adopte donc la tendance *my hashi*, qui consiste à se déplacer avec ses propres baguettes. Certaines sociétés se sont même amusées à créer des soutiens-gorge militant pour la cause écolo avec une poche intégrée réservée à ranger les fameuses baguettes!

HIGH-TECH

Même si la Chine ou la Corée se positionnent comme de rudes concurrents, il est vrai qu'en matière d'innovation, le Japon, quasi indétrônable, reste à la pointe, notamment en ce qui concerne les robots humanoïdes. La dernière née, Ucroa, est saisissante de réalisme — il aura fallu 3 ans et plus d'un million et demi d'investissement pour qu'elle voie le jour.

Dans une autre catégorie, il est possible d'admirer les prouesses technologiques japonaises dans le quartier d'Akihabara (à la station du même nom) à Tokyo. *Akiba*, c'est son surnom, est réputé pour être le repaire des *otaku* (fans de jeux vidéo et autres nouvelles technologies). À Osaka, un quartier similaire, Den Den Town, peut être rallié à la station Nipponbashi ou à celle d'Ebisu. Il existe, par ailleurs, des grands magasins dédiés à l'électronique ; les plus connus sont Big Camera et Yodobashi Camera. La plupart des appareils électroniques peuvent également être acquis à des prix hors taxes dans des magasins spécialisés (*menzei-ten*). Sur présentation du passeport, le vendeur vous remet une carte indiquant l'achat hors taxes. Au moment du départ, la douane vérifiera que les objets achetés sont bien conformes à ce qui est décrit. Dans tous les cas, si vous achetez du high-tech au Japon, il ne faut pas oublier de demander un adaptateur pour utiliser l'objet en Europe car les systèmes électriques sont différents.

HÔTELS ホテル

Le Japon a pour réputation d'être onéreux mais il existe en fait des hôtels pour toutes les bourses et tous les goûts. Les hôtels les moins chers sont les *business hotels* (*bijinesu hoteru*) où une chambre coûte aux alentours de 2500/4000 yens. Le décor est sommaire mais le confort est au rendez-vous. On peut choisir entre une chambre à la japonaise ou à l'occidentale.

Pour les curieux, il existe les *capsule hotels* (*kapuselu hotelu*) où l'on peut, en plus de sa « capsule », avoir accès aux bains de l'hôtel en prenant le forfait nuit + *onsen* (bains). Réputées pour leur prix très bon marché, les capsules ne sont généralement isolées que par un rideau voilà pourquoi, pour des raisons de sécurité, ces hôtels sont souvent réservés aux hommes.

Dans la catégorie insolite, les *love hotels* amuseront certains. Ces hôtels ont pour fonction première de fournir un endroit aux jeunes couples qui recherchent un peu d'intimité (ils vivent souvent chez les parents avant d'être mariés). Les forfaits proposés vont de 1 heure au pack nuit et sont plutôt chers mais les chambres valent généralement le détour pour leur sens du détail (glaces au plafond, matelas à eau, etc.).

Pour les séjours plus longs, les *guest houses* peuvent être une alternative et un bon moyen de faire des rencontres. Ce sont des sortes d'auberges de jeunesse, souvent louées au mois avec douches communes. Aux alentours de 60 000 yens le mois.

Enfin, dans une catégorie plus coûteuse mais plus authentique, les *ryokan* sont les auberges traditionnelles : il y en a quelques unes à Tokyo, mais on les trouve surtout à Kyoto. Les chambres sont à la japonaise exclusivement et le petit-déjeuner (riz + poisson dès le matin) est souvent compris.

I

IDÉOGRAMMES UTILES

gare/station	[eki]	駅
quai	[noriba]	のりば
sortie	[deguchi]	出口
entrée	[iriguchi]	入口
toilettes	[o-tearai]	お手洗い
informations	[annaijo]	案内所
poste de police	[kôban]	交番
personne	[hito/jin]	人
homme	[otoko]	男
femme	[onna]	女

ILLUMINATIONS

Dans les quartiers animés, on est en permanence ébloui par les panneaux géants, enseignes ou néons multicolores qui indiquent le nom des clubs, *karaokés* et restaurants. C'est une expérience quasi psychédélique et ces illuminations donnent une saveur bien particulière aux nuits japonaises.

Le phénomène s'est même accentué, car depuis quelques années certains lieux, généralement des centres commerciaux, sont décorés avec des lumières de Noël toute au long de l'année. C'est donc Noël en décembre, mais aussi en avril et en août : rien d'anormal au pays du Soleil levant ! Les décorations sont décuplées en fin d'année, afin de donner un caractère plus festif à l'événement qui commence à être intégré aux coutumes japonaises. Sur un mode un peu différent (et 100% commercial), Noël au Japon est devenue une sorte de fête pour les couples, comparable à la Saint-Valentin : on sort en amoureux le 24 au soir et on s'offre un petit quelque chose mais pas de célébration en famille ou de dîner de l'avent, et tout le monde est au lit avant minuit. On ne célèbre pas vraiment le Noël chrétien mais bien *kurisumasu* (Christmas) et les paillettes qui vont avec. Sortir en couple le 24 décembre c'est chic, même si peu de Japonais connaissent la signification de cette fête. Ce qui s'en rapproche le plus serait le Nouvel an, le *o-shôgatsu*, qui est une fête très familiale au Japon.

INSTRUMENTS DE MUSIQUE
楽器 [GAKKI]

Les instruments de musique traditionnels (beaucoup viennent de Chine) sont difficilement dissociables des arts du théâtre. Le plus connu est certainement le *shamisen*. Largement utilisé par les *geishas**, mais aussi lors des représentations théâtrales ou de marionnettes, le *shamisen* est une sorte de guitare à trois cordes avec un long manche que l'on fait sonner grâce à un plectre triangulaire. À l'instar du *shamisen*, rares sont les représentations exemptes de *taiko*, terme générique désignant les tambours utilisés dans les spectacles de *nô* ou de *kabuki* pour rythmer l'action. Il en existe de tailles et formes différentes : du plus petit (*kotsuzumi*) au plus imposant (*ôdaiko*). Si beaucoup d'instruments accompagnent le jeu des comédiens sur scène, d'autres, comme le *koto*, se jouent seul. Cet instrument à 13 cordes mesurant environ 1,80 m, est joué à plat du bout des doigts grâce à des « griffes » qu'on enfile.

INTERNET CAFÉS
インターネッ

En règle générale, pour pouvoir les utiliser, il faut se faire établir une carte de membre au comptoir la première fois. Dans la plupart, il y a des box munis de fauteuils massants plus que réconfortants après une longue journée de marche. Pour en profiter, il suffit de le spécifier aux employés et la première heure ne coûte pas plus cher qu'un box normal ! En réalité, on a souvent affaire à des « Internet & Manga cafés » (*intânetto & manga kissaten*) : ici, l'accès aux ordinateurs donne également accès aux nombreuses collections de *manga* et autres revues (en japonais uniquement). L'une de ces plus grandes chaînes porte le nom de Media Café Popeye et se prononce *popaï café*.

Pour ceux qui souhaitent voyager très peu cher, sachez que les Internet cafés proposent un forfait nuit qui donne accès à un box privé avec fauteuil (qu'on peut étendre à 180°) ainsi qu'à des distributeurs de boissons (à volonté !) et à des douches. C'est petit, mais le pack nuit de 10 heures coûte aux alentours de 3 000 yens et 2 000 yens pour 6 heures.

IRASSHAIMASE !

Pour les amateurs de shopping, cette expression sera vite intégrée. *Irasshaimase* sert à souhaiter la « bienvenue » au client qui entre ou passe seulement devant un magasin, un restaurant ou tout autre établissement qui induit un rapport client/employé. Par habitude il est souvent entonné à intervalles réguliers par tout le personnel qui se répond en écho : *Irasshaimase! Irasshai! Dôzo goran kudasaimase*, avec une voix très nasillarde sans que cela marque l'arrivée de qui que ce soit. Lorsqu'on se rend dans une *izakaya**, des *irasshaimase* toniques viennent ponctuer le dîner car ils y sont pratiqués avec enthousiasme et grand bruit pour encourager le client dans sa dégustation.

——— *IZAKAYA* 居酒屋 ———

Izakaya est parfois traduit par « taverne ». Si le mot français est un peu désuet, l'image est, elle, adaptée : de grandes ripailles entre amis arrosées d'alcool. Les Japonais, plutôt que d'aller en discothèque le samedi soir, iront plus volontiers dans des *izakaya* avant de se rendre au *karaoké**. Le principe est le même que dans les bars mais il existe une nuance : on ne boit pas en mangeant, on dîne en buvant. Les plats sont simplement plus élaborés et les tables plus grandes que dans les bars. Au Japon, on commande rarement son propre plat et c'est d'autant plus vrai dans les *izakaya* : une seule personne se chargera de commander une multitude de petits plats auxquels tout le monde goûtera en buvant allègrement.

J

J-POP

La popularité de la musique *J-pop* a dépassé les frontières et ne compte plus ses fans en France et ailleurs. Le terme fut utilisé pour la première fois en 1998 sur la station de radio J-Wave, pour décrire ce qui était jusque-là appelé *New Music*. Il caractérise aujourd'hui la musique japonaise moderne de manière très large, incluant les influences pop, rock, dance mais aussi hip-hop ou soul. La *J-pop* est utilisée dans bien des circonstances : dans les magasins, la publicité, les *anime**, films, émissions radio ou télévisuelles et jeux vidéo. L'influence des sons étrangers qui l'ont façonnée marque encore la *J-Pop* qui s'accommode fort bien du *japanglish**. Dans les *anime** et les *dorama**, les chansons sirupeuses d'ouverture et de fin sont souvent classées au hit-parade. Pour se référer de manière plus précise aux sous-genres de la *J-pop*, on parle parfois de *J-anime*, *J-club*, *J-punk*, *J-hip-hop*, *J-reggae*...

Parmi quelques grandes manifestations musicales en plein cœur de l'été, le Fuji Rock Festival (au Mont Fuji) et le Summer Sonic (à Tokyo et Osaka) sont à mentionner.

J'AI FAIM

« J'ai faim » se dit *o-naka suita*, littéralement « mon

ventre est vide» (*o-naka ga sukimashita* sous forme plus polie). En fait, il y a peu de chances d'avoir faim car la tentation est partout. Les Japonais eux-mêmes passent leur temps à manger, goûter, grignoter. L'inverse de *o-naka suita* se dit *onaka ippai* («mon ventre est plein»), les Japonais l'utilisent beaucoup au restaurant pour dire «j'ai bien mangé».

À Okinawa*, il existe une tradition qui va à contre-courant de ce rassasiement permanent : appelée *hara hachibu* (ventre rempli à 80%), elle expliquerait le taux de longévité si élevé parmi les habitants de l'île. Cette pratique veut que l'on s'arrête de manger avant même d'être rassasié, autrement dit à plus ou moins 80%, car ce n'est qu'au bout de 20 minutes que le message de rassasiement est envoyé à l'estomac et que l'on se sent pleinement satisfait sans avoir la sensation désagréable d'avoir trop mangé. Les gens d'Okinawa sont réputés pour avoir un taux de cholestérol très bas.

JAN KEN

Le *jan ken*, qui est un jeu très courant, est l'équivalent du «pierre/papier/ciseaux» français, à cela près qu'au Japon il n'est pas réservé aux cours de récré ; les adultes y ont recours lorsqu'il s'agit de prendre une décision rapide sans trop d'implication, un peu à l'instar du pile ou face. La règle du jeu : choisir parmi les trois options et ne la dévoiler qu'à la fin de la formule magique «*jan, ken, pon!*» dite le plus vigoureusement du monde. Le *jan ken* est national mais selon les régions il peut changer un peu de forme : tantôt *jan ken pon, jan ken hoi, jan ken poi*, seul le principe reste le même : la pierre écrase les ciseaux, la feuille recouvre la pierre, les ciseaux coupent la feuille. Pour varier, il existe aussi le *jan ken* inversé où la personne qui perd gagne.

JAPAN RAIL PASS

Cela fait plusieurs années que la compagnie JR propose son pass afin de voyager en toute liberté. Celui-ci ne s'achète qu'en dehors du Japon dans des agences de voyages partenaires. Le JR Pass standard existe selon trois formules: «1 semaine», «2 semaines», «3 semaines» et donne accès à toutes les lignes JR du nord au sud et d'est en ouest y compris sur les lignes *shinkansen* (à l'exception du super TGV Nozomi). Il existe également des formules pour des zones et des durées limitées comme le pass Kansai ou le pass Hokkaidô. Une fois sur place, il faut se rendre dans une gare JR (indiquée au dos du pass selon la ville) afin de le rendre opérationnel. Comme un visa, ce n'est qu'à partir de son activation que les jours sont décomptés. Il suffit ensuite de le montrer à l'employé de gare près des barrières de contrôle des billets (attention! bien vérifier que l'on emprunte une ligne JR). Il vaut mieux penser à réserver un ticket quand on voyage en *shinkansen** car les wagons «places non réservées» sont souvent pleins à craquer. Ce service gratuit permet d'être tranquille le jour du départ.

JAPANGLISH

Afin de nommer des objets ou concepts inexistants auparavant, la langue japonaise a adopté et adapté (pour satisfaire aux exigences de son alphabet) de nombreux mots rapportés de l'anglais : c'est ce qu'on appelle le *japanglish*. Les mots les plus courants sont les suivants : *supun* («spoon»), *fôku* («fork»), *naifu* («knife»), *beddo* («bed»), *têburu* («table»). Ces mots n'ont d'ailleurs pas d'équivalent en japonais. Parallèlement, ces dernières années, de nouveaux mots remplacent peu à peu leur synonyme japonais dans la vie courante. Le mot *lucky* (prononcé *rakkî*) est ainsi abondamment utilisé, et l'on parle volontiers de *wedding* entre copines. Enfin, il existe des mots qui semblent provenir de l'anglais mais dont le sens est de pure facture japonaise : *nekutai* («neck-tie») veut dire cravate alors qu'en anglais (*tie*) suffit. Le mot *baikingu* («biking») signifie «buffet à volonté», et l'on ne sait pas bien pourquoi...

JEUX D'ARGENT

Les jeux d'argent sont officiellement interdits au Japon. Cependant, on rencontre très vite des lieux visiblement «addictifs», mieux connus sous le nom de *patchinko* パチンコ. *Patchinko*, c'est le bruit que fait la bille qui tombe dans ce jeu vertical où il est bien évidemment question d'argent. Sinon, pourquoi rester des heures entières dans un lieu enfumé et ô combien bruyant, à jouer au même jeu incessant ? Le principe est simple : on introduit une bille dans le haut de la machine, elle descend en se heurtant à des obstacles pour atterrir dans un trou qui donne droit, ou non, à de nouvelles billes. Plus on a de billes, plus on est «riche». L'astuce est que les gagnants ne reçoivent pas d'argent directement mais un lot qu'ils vont ensuite échanger contre de l'argent dans une ruelle adjacente.

Il y a des milliers de *patchinko* au Japon. Entrer dans l'un d'eux peut être une expérience intéressante quoique assourdissante ; rester plus de 10 secondes au milieu de ce brouhaha mêlé de musique techno et de billes qui dégringolent relève de l'exploit. Et pourtant ! Certains joueurs invétérés attendent l'ouverture dès 8 heures du matin, assis sur des petits coussins devant l'entrée. C'est l'un des rares lieux où tous, hommes et femmes, jeunes et vieux, se mélangent et discutent à bâtons rompus, mais une fois à l'intérieur, toute communication est coupée et chacun se concentre avidement sur son jeu.

JEUX TRADITIONNELS

Avant d'être happés par la vague technologique, les Japonais se divertissaient à l'aide de jeux de stratégie. Le *go*, d'origine chinoise, se joue à deux avec des pions noirs et blancs sur un damier carré constitué de 19 lignes verticales et horizontales, se coupant en 361 intersections. Le vainqueur est celui qui a pris le plus d'espaces entourés de vide. Le *shôgi*, également d'origine chinoise, est la version orientale des échecs. Chaque joueur possède 20 pièces ; le but est d'acquérir le roi de l'adversaire. Le *mah-jong* (*mâjan* en japonais) a été introduit de Chine en 1920, et jouit d'une grande popularité. Cela ressemble au jeu de dominos en un peu plus compliqué. On joue à 4 (ou 3, le jeu s'appelle alors *sannin uchi mâjan*) en utilisant 136 plaques en ivoire.

K

KAITEN ZUSHI 回転寿司

Kaiten zushi signifie «sushi tournant». Ce sont les fameux bars à sushi, munis d'un tapis roulant qui apporte différentes assiettes directement devant le client. On n'a plus qu'à se servir! Les *kaiten zushi* représentent un peu la restauration rapide des *sushi*. Le poisson n'est pas de haute qualité mais il est frais et découpé devant nos yeux. Si les clients ne trouvent pas leur bonheur, ils peuvent commander les *sushi* de leur choix bien que la plupart du temps ils se servent simplement sur le tapis roulant. Le prix des assiettes tourne aux alentours de 100-300 yens. L'addition est ensuite calculée en fonction du nombre et du type des assiettes accumulées devant soi. Il existe plusieurs chaînes de *kaiten zushi*, mais aujourd'hui c'est Kappa Sushi qui est leader dans le domaine.

KARAOKÉ カラオケ

Le *karaoké* est le loisir japonais par excellence. Les jeunes peuvent passer des heures à chanter les tubes en vogue dans ces box privatifs où l'on s'échange le micro, tout en descendant quelques verres. Le nom ne trompe pas: le *karaoké* est bien originaire du Japon et vient de la contraction des termes *kara* (vide) et *oke* (abréviation de *ôkesutora*/orchestre); autrement dit, *karaoké* signifie «sans orchestre». Pour des raisons de licence, la plupart des musiques sont enregistrées sur synthé et diffèrent un peu des bandes-son originales. La sonorité peut rappelle celle des jeux vidéo, mais cela n'empêche pas de passer un bon moment. Les grandes chaînes de *karaoké* comme Shidax ou Janbo karaoke (mieux connu comme Jankara) possèdent des listes de chansons étrangères (très peu de titres français toutefois) mais il faut généralement demander le catalogue spécifique avant de commencer la session. À l'aide du catalogue, il suffit ensuite de rentrer les coordonnées de la chanson sur la télécommande ou l'écran tactile et lancer la chanson. Les tarifs sont souvent plus chers en soirée et le week-end. Ceux indiqués valent pour une personne par tranche de demi-heure; ils varient de 150 à 450 yens selon le jour et l'horaire choisis. Il existe des forfaits *free time* avant 19h et après 23h, aux alentours de 1000/1500 yens, qui donnent droit au box pour «autant d'heures qu'on le souhaite» tant que l'on respecte les heures de début et de fin du *free time*.

KAWAÏ

Au Japon, le côté rose bonbon fait vite tourner la tête. Tout y est *kawaï*. L'expression japonaise, mondialement connue aujourd'hui, vient du chinois (*ke-ai*) et signifie «mignon». Aujourd'hui, on pourrait presque dire que le Japon entier est *kawaï*. Tous les *Hello Kitty* et autres personnages enfantins envahissent les magasins, les télés et même les affiches électorales! Et les baby-doll japonaises se rangent allègrement dans cette catégorie. Le tout est d'être le plus mignon possible, ce qui donne peut-être parfois un côté très enfantin au Japon.

Dans ce domaine, les Japonais ont une passion assez extravagante pour les chiens qu'ils aiment choyer et habiller comme des enfants. Presque tous sont affublés d'habits plus *kawaï* les uns que les autres. Il existe un véritable marché dans ce secteur ! L'immense majorité des maîtres achète exclusivement des chiens de race, et les préfère de petite taille afin qu'ils ne soient pas trop à l'étroit dans leurs appartements étriqués. Ainsi, les teckels et chihuahuas semblent être partout et les salons qui leur sont dédiés ne manquent pas : il existe même des cafés où l'on peut, tout en sirotant un jus, venir caresser les chiens à disposition.

KEITAI ケータイ

Keitai signifie téléphone portable en japonais. Ce qui est frappant, c'est que tout le monde en possède un. Toute personne s'installant au Japon adopte rapidement ce défaut de langage qui incite à parler de *keitai* alors même qu'on s'exprime dans sa langue maternelle. Avant l'arrivée des smartphones, nos téléphones portables étaient vraiment loin derrière les *keitai* japonais qui depuis près de dix ans donnaient accès à Internet, permettaient de faire des photos de qualité égale, voire supérieure, à certains appareils numériques et de regarder la télé ou de payer ses courses... Grâce aux téléphones « nouvelle génération », le fossé technologique semble comblé. Mais les Japonais ont encore une longueur d'avance : un opérateur propose par exemple le seul téléphone qui se coupe en deux sans se casser. Même si elles comptent pour beaucoup, les prouesses technologiques ne suffisent pas à façonner l'identité du *keitai*. Tous les bibelots dont on l'affuble (stickers paillettes, pendentifs, *purikura*) ou la multitude de *smileys* indissociables des SMS y contribuent grandement.

Enfin, les *keitai shôsetsu* (ou livres électroniques) sont en pleine effervescence. On verra de nombreux Japonais lire dans le métro sur leurs téléphones portables des petites nouvelles, poèmes ou romans de gare livrés sous forme de feuilletons, écrits par des auteurs populaires. Ces séries romanesques connaissent un succès phénoménal et passionnent les jeunes, qui se sont souvent détournés de la littérature.

KIMONO 着物

Lorsque l'on évoque le Japon, l'image de femmes graciles en *kimono* revient inlassablement. Il est encore porté à certaines occasions bien précises, accompagné des *geta* (socques en bois). Un vrai *kimono* de soie peut coûter des sommes folles. Pourtant, les mères n'hésitent pas une seconde lorsqu'il s'agit d'acheter le premier *kimono* de leur fille, pour la fête du passage à l'âge adulte : *seijin no hi/shiki* (2e lundi de janvier). Ces *kimonos* particuliers possèdent de très longues manches qui touchent presque le sol. Il faut savoir que la longueur des manches (*furisode*) reflète l'âge de la personne qui le porte. Si à 20 ans les *furisode* sont très longs, plus on avance en âge plus on raccourcit ses manches. Voilà pourquoi il serait risible pour un Japonais de voir une femme de 40 ans avec de longs *furisode*. L'art du *kimono*, complexe, se transmettait autrefois de mère en fille mais aujourd'hui peu de jeunes savent revêtir les différentes couches qui constituent le *kimono* et nouer le *obi* (la large ceinture). Palliant à ce manque, des stages connaissent un nouvel engouement ; certains cours sont même ouverts aux étrangers et des séances photo en *kimono* sont proposées à Kyoto. Le *yukata*, en coton et porté en été lors des *matsuri* (festivals*), est une alternative moins coûteuse que le *kimono* traditionnel pour qui veut ramener un souvenir du Japon.

KÔBAN 交番

Le *kôban* est un petit local avec des «policiers de proximité» (*o-mawari-san*) qui n'ont d'autre fonction que d'indiquer leur chemin aux gens. Leur présence est une quasi nécessité quand on sait que peu de rues sont clairement indiquées ; en effet, à part les grandes artères, elles ne sont identifiables que par de minuscules étiquettes en plastique vert indiquant, en japonais, le nom de la rue et la subdivision complexe dans laquelle elle s'inscrit. Pour rendre la tâche plus ardue, les rues des villes (à part à Kyoto) sont sinueuses et quasi identiques à première vue. Il est donc très facile de s'y perdre. Pour s'y retrouver, les quartiers sont délimités en «carrés», lesquels sont à nouveau subdivisés en quatre pour obtenir des zones relativement petites dans lesquelles viennent «se placer» les maisons à nouveau numérotées selon un ordre aléatoire. Ce qui pour une adresse hypothétique donne : nom du quartier, rue, maison n°4-3-2 (autrement dit la maison n°2 située dans la subdivision n°3 du district 4). Seul problème, ces «carrés» sont bien entendu virtuels et seulement visibles sur une carte. C'est là que le *kôban* intervient. Il serait utopique de penser que tous les policiers parlent anglais, mais ils essaieront, le cas échéant, de trouver quelqu'un pour aider un pauvre touriste égaré.

KOMPA

Rien à voir avec l'instrument utilisé jadis en classe de mathématiques. *Kompa*, ce sont les rendez-vous arrangés entre amis pour rencontrer l'âme sœur. Comme nombre de pratiques au Japon, il y a des règles. Plutôt que d'inviter ses amis à une fête pour qu'ils se rencontrent naturellement, on organisera plus volontiers un *kompa*; 3 filles/3 garçons, 4 filles/4 garçons, l'important c'est qu'il y ait parité totale. Si la loi des chiffres est respectée, le face-à-face peut commencer. Le rendez-vous est généralement programmé dans un restaurant de type *izakaya** et peut se prolonger au *karaoke**. Au cours de la soirée, les invités changent plusieurs fois de place afin de s'entretenir avec chacun des membres du sexe opposé. Si le feeling est passé, on pourra alors décider d'échanger les numéros et peut-être de se revoir, jusqu'au mariage... Sait-on jamais?

KUDASAI

Kudasai est utilisé principalement lorsque l'on commande quelque chose. Il suffit d'indiquer le plat de notre choix et d'y accoler *kudasai*. Par exemple: *Kôhi kudasai* («un café s'il vous plaît») ou *Chîzu Kêki kudasai* («un *cheese cake* s'il vous plaît»).

L

LÉGENDES ET CROYANCES

Il n'y a pas que le dragon qui peuple les légendes japonaises : on y retrouve aussi des animaux semi-réels comme le *neko mata* (le chat à deux queues), le *kitsune* (le renard) ou le *tanuki* (sorte de raton laveur généralement représenté debout, ventre bedonnant et découvrant des parties génitales proéminentes !). La plus japonaise des créatures légendaires est sans doute le *tanuki* qui, comme le *kitsune*, est un animal réel que les légendes ont doté de pouvoirs magiques. À l'image des renards, il fait preuve d'un esprit facétieux qu'il emploie pour jouer des tours aux humains à l'aide de son don de métamorphose. Tout comme le dahu en France, le *tsuchi no ko* alimente les rumeurs. Existe-t-il vraiment ? Où peut-on le voir ?

Dans la vie quotidienne, certaines superstitions ancrées dans les consciences produisent des effets inattendus. Ainsi, le hasard veut que le son *shi*, qui désigne le chiffre 4, évoque la mort. Ainsi ce chiffre est-il souvent associé à de mauvais augure et la chambre n° 4 absente de certains hôpitaux. Il faut également éviter d'offrir des cadeaux par lots de 4. Les Japonais utiliseront plus volontiers l'alternative *yon* pour parler du chiffre 4. Le chiffre 9 (*ku*) est, lui, associé à la douleur et, pour les mêmes raisons, à éviter. Parmi de nombreuses croyances, l'une est insolite : lorsqu'un corbillard passe, il est de coutume de cacher ses pouces (il existe plusieurs explications : si on ne le fait pas, nos parents mourront car le pouce se dit « doigt des parents » en japonais, d'autres pensent que cela empêche les mauvais esprits de pénétrer dans le corps).

LÉGUMES & FRUITS

Les légumes et fruits sont réputés pour être chers. Il existe peu de fruits en vrac; kiwi, pommes et autres fruits sont vendus en petites barquettes. La pastèque, symbole de l'été, appelée *suika*, est également consommée sous forme de barquettes rafraîchissantes tout au long des mois brûlants. À noter, les pommes (*ringo*) et les pêches (*momo*) japonaises sont plus grosses que celles que nous connaissons. Elles sont plus grosses, avec une chair plus ferme à un prix plus important (environ 3-4 euros l'unité).

Les légumes sont moins onéreux, surtout les produits locaux : *daikon* (radis blanc), *satsumaimo* (patates douces), *take no ko* (pousses de bambou). Les Japonais consomment beaucoup de choux également, un légume qui reste abordable.

Le melon est considéré comme un fruit noble et le prix auquel on le trouve en atteste parfaitement. La tradition veut que l'on en offre un au moment des cadeaux de mi-saison en été (*o-chûgen*), pour remercier les personnes dont on se sent redevable. Un melon de *o-chûgen* vaut autour de 5 000 yens (environ 40 euros), et même le melon commun descend rarement en dessous de 700 yens (5 euros). Ces prix s'expliquent par un mode de sélection au rendement limité, qui ne laisse qu'un seul fruit par plant (pour qu'il bénéficie de tous les apports nutritifs et soit plus savoureux).

───── *LIVRES* 本 *[HON]* ─────

Les Japonais sont de grands consommateurs de livres, grâce au marché des mangas mais pas seulement. Tout y passe : romans, livres de langues, guides de voyages... À vrai dire, beaucoup lisent des livres entiers, sans acheter, debout à Kinokuniya ou Book off. Kinokuniya est une très grande chaîne qui possède des supermarchés alimentaires et des librairies immenses, qui pour certaines proposent des livres en anglais et un peu en français. On peut également trouver dans ces sections « internationales » la presse étrangère. Book off est une librairie japonaise (dont on voit quelques boutiques en France) un peu dans le même esprit que Gibert. On peut y acheter des livres neufs et d'occasion. Par pudeur sans doute, la plupart des Japonais aiment garder la couverture en papier marron avec lequel les employés des librairies recouvrent le livre au moment de la transaction. Ainsi, personne ne sait ce que l'on est en train de lire.

───── *LOCKERS* ロッカー ─────

Les *lockers* sont les casiers ou consignes que l'on trouve un peu partout au Japon : dans les gares, bien sûr, mais aussi dans les discothèques. À la place des vestiaires coûteux, on peut ainsi utiliser un casier au nombre de 2, 3, 4 personnes, pour seulement 200 à 400 yens (3 euros). Pour ce qui est des consignes de gares, il faut faire attention à ce qui est inscrit sur le casier: le montant indiqué vaut pour un nombre d'heures ou de jours limités. Si vous ne venez pas chercher votre bagage avant cette date, il sera déplacé, voire détruit, après quelques jours.

LOVE X 2

C'est ainsi qu'on retranscrit en mode SMS l'expression japonaise «*love love*» (prononcée *labou labou*). Être *labou labou* signifie que l'on vit une histoire d'amour sans nuage. «Ces deux-là, c'est *labou labou*», autrement dit, ils sont inséparables. Dans les relations amoureuses des Japonais en public, pas d'effusions, tout est très pudique et idéalisé. On se tient la main, on fait du shopping ensemble mais pas de démonstration d'affection au-delà.

En règle générale, les Japonais se font leur déclaration d'amour avant de commencer une relation amoureuse. Et justement, pour cela, existe-t-il meilleure date que la Saint-Valentin? La *barentain dê* est célébrée au Japon, mais sa pratique diffère de la nôtre. Les filles offrent des chocolats aux garçons dont elles sont secrètement amoureuses, dévoilant ainsi leurs sentiments à l'élu de leur cœur! C'est le *kokuhaku* (déclaration d'amour) suprême. Ça n'est qu'un mois plus tard, le 14 mars, à l'occasion du *white day* (*howaito dê*) que les garçons rendent (ou non) la pareille à leurs prétendantes. Le 14 février, il est amusant d'entendre les garçons débattre sur le nombre de boîtes de chocolats qu'ils ont reçues et qui sont censées attester de leur popularité. Une drôle de pratique pour un pays réputé macho!

M

MAGAZINES GRATUITS

Il existe bon nombre de magazines gratuits (*furî pêpâ*) à destination des étrangers au Japon. On les trouve souvent à l'entrée des bars ou cafés pour étrangers ou des grandes librairies comme Kinokuniya. Ils répertorient les meilleures adresses de la ville et proposent une flopée de petites annonces. Certains proposent même des articles plus poussés : idées d'excursion, article de fond, etc. Pour les anglophones, il existe le *Metropolis* à Tokyo, et le *Kansai Scene* pour la région du Kansai. Malheureusement, la communauté étant moindre, pas de magazine en français pour l'instant.

MAID CAFÉS

Les *maid cafés* (*mêdo kafè*) sont une invention typiquement japonaise. Plus «soft» que les bars à hôtesses, ils sont principalement fréquentés en journée par des *otaku*, adolescents (ou adulescents) qui viennent satisfaire leurs désirs de mâle face à des «serveuses soubrettes» qui répondent à leur moindre désir... non sexuel s'entend ! Tout se passe dans le langage : «oui maître, je vous apporte votre café». Situés dans les quartiers *high-tech**, tout près des magasins d'électronique, les *maid cafés* se distinguent des bars à hôtesses, par le côté *kawai** que les jeunes serveuses donnent à voir. En effet, même si certains viennent assouvir des désirs peu cautionnables, il n'est aucunement question d'échanges à caractère sexuel dans ces établissements.

MANEKI NEKO 招き猫

Le *maneki neko* est une figurine représentant un chat avec une patte mobile, tantôt la droite tantôt la gauche, que l'on trouve presque toujours à l'entrée des commerces (ou près de la caisse), auxquels il apporterait la prospérité. Les chats qui lèvent la patte gauche attireraient les clients, tandis que ceux qui lèvent la droite apporteraient la fortune – ce qui revient un peu au même pour le commerçant. Il y en a de toutes couleurs mais la plupart sont dorés.

Il y aurait, d'après certains, une corrélation entre le traditionnel *maneki neko* et l'icône *kawaï* de la dernière décennie *Hello Kitty*: le nom *Hello Kitty* lui-même serait une traduction de *maneki neko* ou «chat qui invite». Ceci n'a jamais pu être confirmé mais il est vrai que les ressemblances sont troublantes.

« MANIÈRES DE TABLE »

Quelques-unes des bonnes manières japonaises méritent d'être décryptées.

Avant de commencer à manger, les Japonais joignent les deux mains comme pour prier et disent *itadakimasu* en inclinant la tête, ce qui signifie «je reçois» mais que l'on traduit par «bon appétit». La seule différence tient au fait que ce «bon appétit» s'adresse à soi et non aux autres.

Planter ses baguettes dans son bol de riz est proscrit car le geste rappelle la manière de présenter les offrandes aux morts. De même, faire passer de la nourriture de baguettes à baguettes à son voisin rappellerait le rituel de la crémation, au cours duquel on se transmet les cendres du défunt. Par ailleurs, on ne doit pas verser la sauce soja directement dans le riz et lorsque l'on mange des *sashimi* ou *tempura*, on confectionne sa propre sauce dans une petite coupelle individuelle.

Si les Japonais observent toutes ces règles de politesse à la lettre, ils n'éprouvent, en revanche, aucune gêne à s'asseoir un pied sur la chaise et à laisser dépasser leur genou de la table dans un restaurant à l'occidentale.

──── *MASQUES* マスク ────

Si c'est la première fois qu'on se rend au Japon, la vision peut surprendre, voire même inquiéter. Que font tous ces gens masqués dans la rue? Y aurait-il une épidémie de grippe porcine? Non, c'est un jour comme un autre au pays du Soleil levant. On imagine que les masques portés par les Japonais servent à les protéger des rhumes en hiver. Ce n'est pas faux, mais si on écoute attentivement leurs explications, il s'agit surtout de maintenir leur gorge bien hydratée, grâce aux propriétés spécifiques des différentes membranes du fameux objet. Le masque est un ami en hiver, mais aussi au printemps contre le rhume des foins, en été contre les tempêtes de sable jaune venues de Chine... Bref, à porter à tout moment de l'année!

Il est aussi amusant de voir comment les gens s'accommodent de cette contrainte. Le masque bien en place, les chauffeurs de bus ne voient aucun inconvénient à énumérer les stations à venir, tels des «Dark Vador» urbains. De même, le mystère reste entier sur les raisons qui poussent les «Japonais masqués» à garder leur protection lorsqu'ils mangent – ce qui les contraint à soulever le masque à chaque bouchée.

MASSUE

Les fans de *Nicky Larson* (dessin animé des années 1980) se souviennent sans doute des scènes où la petite amie du détective lui assénait un coup de massue sur la tête, après l'avoir surpris dans les bras d'une autre. La massue (*kanezuchi*) est très utilisée dans les *anime** ou à la télévision comme signe de châtiment. On constate vite que les Japonais aiment par-dessus tout mettre en scène la punition et l'humiliation. Mal acceptée dans la vie, elle sert d'exutoire sur le petit écran. Certains *talento** sont passés maîtres dans l'incarnation de l'humiliation ; leur rôle étant de répondre de manière erronée et de recevoir un coup de massue à chacune de leurs erreurs intentionnelles.

MÉTRO

Concernant l'achat des titres de transport, il se fait par le biais de machines, d'une extraordinaire efficacité. La particularité du système ferroviaire japonais tient au fait qu'il est presque impossible pour un novice de déchiffrer le tarif à payer. Car on ne paye pas le même prix pour aller à tel endroit ou à tel autre, alors même que l'on se déplace dans la même ville. Le tarif minimum concerne un nombre de stations réduit (2/3 selon les villes et compagnies) puis on ajoute graduellement une dizaine de yens toutes les quelques stations.

Afin de guider les voyageurs, chaque rangée de machines est surplombée d'une grande carte de métro indiquant le tarif correspondant à chacune des stations depuis la gare d'où l'on part. Certaines sont écrites en lettres romanes, pour les autres il faut se référer au plan de poche en anglais fourni dans toutes les gares et comparer. Ce petit jeu de piste peut vite devenir pénible. La solution, si l'on a un doute, est d'acheter le ticket le moins cher, et il n'y aura qu'à l'introduire dans la machine *fare adjustment* en gare d'arrivée, tout près de la sortie. Celle-ci indiquera la somme manquante puis éditera un nouveau ticket que l'on introduira dans la machine de contrôle des billets (*kaisatsu*) pour sortir. Dans tous les cas, il est indispensable de garder son ticket, ou vous seriez contraint de repayer un ticket facturé au tarif de la plus longue distance afin de sortir.

Dans les grandes villes, comme Tokyo ou Osaka, certains wagons sont réservés aux femmes. À l'exception des heures de pointe, ces wagons, dont l'emplacement est signalé par des marqueurs roses sur le quai, se remplissent exclusivement de femmes. Un homme égaré se rendra vite compte de son erreur et changera aussitôt de wagon. La mesure a été prise à la suite de cas d'agressions sexuelles dans les métros bondés des grandes villes.

MIKADO

Le mot *mikado* que nous utilisons en toute insouciance pour parler d'un jeu d'adresse ou de gourmandises chocolatées, était au Japon pendant longtemps la façon la plus respectueuse de désigner l'empereur. En réalité, le mot désignait le palais (littéralement « la sublime porte »), mais fut adopté par métonymie pour évoquer la fonction impériale. Aujourd'hui, si l'appellation a été remplacée par le titre *tennô*, il est toujours risqué de demander des *mikado* pour le goûter à la vendeuse d'un *combini** qui ne saura pas où se mettre tant elle sera gênée ; pour information ce type de biscuit est appelé *pokki* en japonais (onomatopée qui imite le bruit du biscuit qui se casse). Important à souligner : les Japonais sauront rarement répondre à la question : « comment s'appelle l'empereur ? », car ils l'appellent par son titre et non son nom.

MIMI-KAKI

Facile à mémoriser, ce mot aux sonorités enfantines évoque bien des choses pour les Japonais. Nous utilisons des cotons-tiges, les Japonais utilisent, eux, des *mimi-kaki*. Fabriqués en bambou, ou en métal, ce sont de petits grattoirs qui servent à débarrasser nos chères oreilles de leur cire et autres saletés.

Des salons spécialisés ont fleuri ici et là : connus sous le nom de *hizamakura mimi-kaki*, ils proposent aux *salarymen* stressés, de chasser leurs tracas sur les genoux d'une hôtesse toute dévouée à leurs oreilles. La tête reposant confortablement sur un coussin, ils se laissent aller entre des mains expertes.

MODE

Tokyo rivalise avec New York, Paris ou Milan sur la scène de la mode. À tel point que certains considèrent aujourd'hui qu'elle les a dépassées. Symbole de cette vitalité, la marque grand public Uniqlo qui poursuit son expansion à toute épreuve. Autrefois ringarde, elle s'est offert, grâce à son internationalisation, une nouvelle image et aujourd'hui s'habiller chez Uniqlo est devenu *hype*!

Dans le monde des créateurs, quelques grands noms comme Kenzo, Issey Miyake ou Yôji Yamamoto résonnent à nos oreilles mais c'est dans les rues de Tokyo que la mode surprend le plus. Tous les looks semblent étudiés au détail près, sans doute en suivant les conseils des innombrables magazines féminins aux allures de catalogues de La Redoute (n'y figurent que des photos de looks divers et variés ou des conseils beauté).

Une chose est sûre, les *fashionistas* japonaises ne se déplacent plus sans leur vanity-case et n'hésitent pas à se (re)maquiller dans le métro. Le culte de la beauté, constant, touche même les hommes. Nombreux sont les jeunes gens qui s'épilent les sourcils, se recoiffent 10 fois par jour, s'habillent de façon très étudiée, utilisent un sac à main, etc. On remarquera surtout cette tendance parmi les *hosuto* (*voir X*) mais de manière générale, elle est suivie par tous.

N

NABE

Nabe, deux courtes syllabes qui en disent long. Prononcez ce mot et une lueur s'allume dans l'œil de votre interlocuteur. Le *nabe* c'est comme une fondue entre copains; plus qu'un plat, c'est un moment de convivialité entre amis ou en famille. C'est typiquement un plat d'hiver, réconfortant et nutritif. Le bouillon, que l'on chauffe dans un plat en terre cuite, est agrémenté selon les préférences de chacun. Tous les convives participent à la confection du dîner: chaque personne y plonge toutes sortes d'ingrédients selon l'envie du moment. Les combinaisons, infinies, sont laissées au goût des participants. Quelques invariables tout de même: choux, émincés de bœufs, de poulet, carottes, champignons, boulettes de poulet (*tsukunè*), *maroni* (pâtes translucides).

Attention! Précédé de «o», le terme change complètement de sens. *Onabe* signifie travesti/transsexuel dans le cas d'une femme devenue homme. Si c'est l'inverse, on parlera alors de *okama*.

NANDE YANEN!

Il faut accentuer sur le «de» et le dire sur un ton un peu agressif.

Pour ceux qui se rendent dans la région du

Kansai, les locaux tenteront certainement de leur faire apprendre cette expression. Absente des dictionnaires, elle était à l'origine employée par les gens de cette région réputés pour leur sens de l'humour. Popularisée grâce aux comiques du *manzai* à travers la télévision, elle est aujourd'hui connue de tous à Tokyo, Sapporo ou Fukuoka. C'est un peu comme l'expression « peuchère » : n'importe quel Français connaît l'expression sans forcément l'utiliser.

Dans le *manzai*, spectacle codifié où deux comiques se trouvent face à un seul micro qu'ils utilisent tour à tour dans une série de joutes verbales, cette expression signifie « N'importe quoi ! » ou « Mais qu'est-ce que tu racontes ! ». On l'utilise dans la vie de tous les jours pour taquiner quelqu'un qui nous dit quelque chose de drôle mais d'un peu stupide. Prononcée par un étranger, elle déclenche généralement la surprise et l'hilarité des interlocuteurs. Même si cette expression doit être dite sur un ton feignant l'agacement, elle est toujours interprétée comme drôle.

NATTÔ 納豆

La nourriture japonaise est vraiment insolite, surtout pour des Occidentaux – un Chinois ou un Coréen s'en accommodera plus facilement. Petits poissons séchés bien croquants pour le goûter, Kit Kat goût fraise, glace au thé vert, etc. Parfois, il est même impossible d'identifier le produit sous nos yeux. Pour les aventuriers du goût, le Japon recèle des trésors que l'on ne se lasse pas de découvrir. Il suffit de se rendre dans un quelconque supermarché et le voyage peut commencer. Le *nattô* se classe sans doute parmi ces ovnis gastronomiques. La grande question de tout Japonais qui croise un étranger est de savoir s'il aime ou non le *nattô*. Cette spécialité typiquement japonaise est préparée à partir de fèves de soja fermentées et sent très fort. Le goût est assez neutre, mais l'odeur est effectivement à rapprocher de celle de nos fromages bien faits. Pour manger le *nattô*, on touille la préparation jusqu'à ce qu'elle forme une masse gluante ; reste à surmonter l'épreuve de la première bouchée. Même pour un Japonais, manger du *nattô* peut constituer un défi ; l'opposition entre les *pro-nattô* et *anti-nattô* ne semble pas près de se résoudre.

NIKKEI

Ce mot est mondialement connu pour être l'indice japonais équivalent de notre CAC 40.

Chose moins connue, *nikkei* sert aussi à désigner les membres de la communauté étrangère d'origine japonaise (cependant, les idéogrammes sont différents). Il existe en effet une communauté assez importante de descendants de Japonais en Amérique du Sud, au Brésil (la plus grande) et au Pérou notamment, ainsi qu'aux États-Unis. Les *nikkei* bénéficient de certains privilèges et peuvent venir s'installer au Japon comme résidents permanents. S'ils ne sont pas et ne seront jamais reconnus comme véritables citoyens Japonais, ils subissent cependant moins de discriminations que d'autres groupes, comme les Chinois ou les Coréens.

NOMIHÔDAI 飲み放題

Nomihôdai veut dire « boissons à volonté », équivalent du *tabehôdai* 食べ放題 qui s'applique lui à la nourriture. Les restaurants au Japon utilisent énormément ce genre de formules. Il est parfois possible de coupler les deux. *Nomihôdai* et *tabehôdai* sont souvent limités dans le temps ; 90 minutes, mais parfois plus. La plupart des *karaokés** proposent ce système : on paye un forfait qui inclut les boissons non alcoolisées et les cocktails à volonté. Pour ceux qui ne peuvent s'en passer, en payant un petit supplément, on obtient le *nomihôdai bîru*, où la bière coule à flots.

NOMS

Contrairement à la Chine où le nom de famille est souvent constitué d'un seul caractère, la plupart des noms japonais sont, eux, composés de deux caractères, ou plus rarement trois. Les noms Tanaka, Suzuki, Sato, ou Watanabe sont un peu l'équivalent du « Dupont » français. Les idéogrammes des noms de famille, sont souvent composés des mots *yama* (montagne), *ki* (arbre), *ta* (rizières), *shima* (île), *mura* (village), *hashi* (pont), *naka* (entre), *shita* (en dessous) etc. Lorsqu'ils doivent signer, les Japonais ont souvent recours au sceau (*inkan*) dont la typographie est personnalisée pour éviter toute usurpation.

Généralement, le suffixe de politesse *-san* est placé derrière les noms japonais. Il se traduit par Mademoiselle/Madame/Monsieur et c'est la façon la plus neutre d'appeler quelqu'un : prénom + *san* (par exemple, *Robert san*) ou nom + *san*. Par habitude, les Japonais ont tendance à s'appeler par leur nom de famille, même s'ils sont très proches, quand ils se trouvent dans un contexte social (à l'école, au travail, etc.). La variante *chan* s'utilise principalement pour les jeunes filles, et leur donne un côté *kawaï**. *Kun* s'utilise pour les jeunes garçons ou à l'école pour dire «élève». Enfin, le suffixe *sama*, très poli, est employé par exemple lorsqu'un vendeur s'adresse à vous: *okyaku-sama* (très cher client). Il s'utilise beaucoup dans le monde des affaires. À savoir, les empereurs sont les seuls à être autorisés à utiliser le symbole «hito» (人) dans leur prénom (par exemple, *Irohito*, *Akihito*).

───── *NORIBA* のりば (乗り場) ─────

Noriba signifie «quai». Vous l'entendrez chaque fois que vous prendrez le métro ou le train, car toutes les entrées en gare sont annoncées par haut-parleur (ainsi que beaucoup d'autres informations, recommandations et sur-recommandations dont les gares japonaises ont le secret). Les directions et gares desservies ne sont malheureusement pas toujours inscrites en anglais mais les employés de gare sont là pour vous prêter main-forte en cas de doute. Il ne faut pas hésiter à les solliciter.

Voici en japonais la façon de donner le chiffre des quais jusqu'à 10:

Ichiban noriba: quai n°1
Niban noriba: quai n°2
Sanban noriba: quai n°3
Yonban noriba: quai n°4
Goban noriba: quai n°5
Rokuban noriba: quai n°6
Shitchiban noriba: quai n°7
Hatchiban noriba: quai n°8
Kyûban noriba: quai n°9
Jûban noriba: quai n°10

NUCLÉAIRE

La question du nucléaire était un peu passée sous silence avant les tristes événements de mars 2011. Compte tenu du passé douloureux qu'entretient le Japon avec l'atome, peu de gens à l'étranger soupçonnaient l'existence des centrales (pourtant nombreuses) sur le sol japonais. Le pays pauvre en richesses minières s'était dirigé vers le développement nucléaire afin de gagner son indépendance énergétique. L'accident de Fukushima est venu bouleverser le cours des choses. Face aux inquiétudes grandissantes de la population, aujourd'hui lucide sur la situation, le gouvernement a envisagé une sortie totale du nucléaire, puis décidé de s'orienter vers une diminution progressive de son activité. L'arrêt forcé de la centrale de Fukushima a mis en lumière la forte dépendance du Japon à cette énergie non fossile. Pour permettre aux usines et autres entreprises de fonctionner après la catastrophe, des horaires de coupures forcées ont dû être aménagés et une partie de l'électricité produite plus au sud dans le Kansai a été acheminée à Tokyo.

O

OKONOMIYAKI

Littéralement, *okonomiyaki* signifie « griller à notre goût ». La recette est simple : on utilise tous nos ingrédients préférés, on les mélange et on les fait griller sur une plaque chaude. La base des *okonomiyaki* est le chou mélangé à une sorte de pâte à crêpe épaisse, un genre de pizza en quelque sorte. On y ajoute ensuite au choix du porc, des crevettes, de l'œuf, et ce qui fait envie. Fierté culinaire de la ville d'Osaka, les *okonomiyaki* sont également une spécialité revendiquée par Hiroshima, où elles ressemblent davantage à des crêpes fines sur lesquelles les ingrédients sont simplement posés avant d'être cuits.

O-NÉGATIF

« Quel est votre groupe sanguin ? ». Il y aura forcément un moment où la question viendra troubler nos esprits. Alors que nous avons les signes du zodiaque, les Japonais dressent des types de personnalité selon les groupes sanguins. Tout Japonais qui se respecte connaît donc son groupe et saura dire que les O sont plus susceptibles de se faire piquer par les moustiques, que les A sont difficiles à vivre et ainsi de suite. Cette science n'est, bien entendu, pas exacte mais pour le jeu, si vous ne le connaissez pas encore, n'oubliez pas de noter votre groupe sanguin avant de partir au Japon, cela peut créer des liens!

O-SHIBORI

Au Japon, la tradition veut que l'on vous apporte une serviette humide avant le repas, bien pratique pour se laver les mains! Cette serviette est appelée *o-shibori*, qui littéralement signifie «essoré». Elles sont, en effet, imbibées et généralement chaudes. Mais la variante des *o-shibori* frais est très appréciée durant les grosses chaleurs. Si le Japon suit cette tradition, il ne possède pas celle de la corbeille à pain ou du sel et du poivre sur la table. On peut tout à fait demander sel et poivre au serveur mais il répondra certainement d'un air incrédule, partant du principe que les plats servis sont préparés avec soin et que si le client demande ces condiments, c'est qu'il n'est pas pleinement satisfait. À éviter pour ne pas mettre le serveur mal à l'aise. Pour le pain, certains restaurants de cuisine occidentale en proposent mais il faut le commander et chaque corbeille est facturée.

OBJETS PERDUS

Dans les gares, il est souvent rappelé par haut-parleur de faire attention à ne rien oublier dans le train. Cette mise en garde peut certes vous épargner un aller-retour inutile mais à vrai dire, oublier quelque chose au Japon est sans grande conséquence. Bon nombre d'exemples ont montré que dans 90% des cas l'objet est retrouvé intact aussitôt la perte signalée. Qu'il s'agisse d'un portable ou d'un portefeuille, peu importe, tout est en l'état! Ce n'est pas automatique mais presque. Cette honnêteté viendrait d'une croyance au Japon qui veut que si l'on ramasse le bien d'autrui on hérite de sa chance... ou de sa malchance; et dans le doute, mieux vaut ne pas s'en emparer. Si vous perdez quelque chose, donc, rendez-vous aux objets trouvés (*wasuremono*) sans hésiter car vous avez de grandes chances d'y retrouver votre bien sain et sauf.

OFFRIR

Au Japon, toute occasion est bonne pour offrir des *o-miyage* お土産 (cadeaux souvenir) ou des *purezento* (*present* en anglais, cadeau). La coutume veut que, lorsque l'on emménage dans une nouvelle maison, on offre à ses voisins des nouilles de sarrasin (appelées *soba*, homonyme de voisin). Lors d'un voyage, par exemple, impossible de ne pas ramener d'*o-miyage*. Il est également mal vu de ne rien offrir à ses collègues de bureau au retour d'un déplacement professionnel. On achète souvent des spécialités de la région où l'on se rend; dans tous les cas, il faut que le cadeau soit utile. De nombreux magasins spécialisés *o-miyage* proposent des coffrets (souvent de petits gâteaux). Si vous logez chez des Japonais et que vous vous rendez quelque part, il est de bon ton de ramener un petit coffret à vos hôtes qui seront touchés de ce geste. Il arrive aussi que ce soit l'hôte qui vous remercie de votre venue, en vous offrant un petit cadeau, raison de plus d'offrir à son tour quelque chose pour ne pas se sentir gêné. Outre les occasions particulières, il existe au Japon deux temps forts où l'on se doit d'offrir des cadeaux: il s'agit du *o-chûgen* en été et du *o-seibo* en hiver, lors desquelles

les entreprises envoient des cadeaux à leur clientèle et les employés remercient leur patron ou toutes autres personnes envers lesquelles elles se sentent redevables.

OKINAWA : UNE EXPÉRIENCE UNIQUE

Pour ceux qui sont à la recherche d'expériences uniques, se rendre à Okinawa c'est réellement faire deux voyages en un. Les îles d'Okinawa sont peu connues des étrangers qui ne résident pas au Japon. Et pour cause! Elles se trouvent bien loin des quatre îles principales, bien plus au sud en se dirigeant vers Taiwan. En avion depuis Tokyo il faut environ 3 heures pour se rendre à Naha, la capitale de l'île principale et un billet Tokyo/Naha coûte généralement plus cher que pour la Chine ou la Corée. Naha est souvent le point de chute ou de départ des touristes qui se rendent sur des îles plus petites et plus pittoresques. Sur certaines, on se croirait presque dans les Caraïbes! L'île principale (Hontô) n'a pas grand intérêt, car elle abrite beaucoup de bases militaires américaines, et de grosses zones commerciales à destination des *soldiers*.

Pour un peu plus de dépaysement, les îles de Zamami, à 2 heures de Naha en ferry, offrent un décor de carte postale dans lequel il est possible de s'initier à la plongée. Les touristes logent généralement dans des pensions appelées *minshuku*.

Autrefois appelé «royaume des Ryûkyû», l'archipel d'Okinawa n'est devenu officiellement japonais qu'en 1879. Les Ryûkyû possèdent donc une culture particulière et une langue propre même si le japonais y est aujourd'hui la langue officielle.

ONOMATOPÉES

Pour tous ceux qui étudient le japonais, cette partie est généralement considérée comme une récréation après de longues heures de grammaire ou de déchiffrage des caractères chinois. Les Japonais utilisent en effet des mots assez cocasses pour représenter le son qu'est censé faire quelque chose. Voici des exemples concrets : pour un Japonais, le désordre fait *gotcha gotcha*, l'estomac qui crie famine fait *peko peko*, la sonnette du vélo *tchirin tchirin* et l'ivresse *beron beron*. Si quelque chose de collant peut être évoqué par les sons *beta beta*, *betcha betcha* est également accepté, et l'autre variante *beto beto* s'entend parfaitement. En revanche, *zoro zoro* (son représentant le fait de piétiner quand il y a foule) ou *zara zara* (son représentant quelque chose qui gratte, comme une barbe mal rasée) n'ont rien à voir...

P

PAN パン

C'est un des seuls mots courants qui s'inspire du français et non de l'anglais : en lettres romanes, il s'écrit « pan » et se prononce un peu comme en espagnol. Depuis quelques années se sont développées des boulangeries à la française appelées *pan-ya san*. S'il est vrai que l'on trouve des baguettes, des croissants et d'autres spécialités françaises de qualité, il y a également des gourmandises qui laisseraient pantois un visiteur non averti. C'est le cas du *curry pan*, pain rond fourré au curry (prononcé « kare pan »), le *melon pan*, qui n'a d'ailleurs rien à voir avec le melon (mis à part la forme) ou d'autres pains au thé vert ou fourrés à la pâte de haricot rouge. Pour information, dans une boulangerie japonaise, le client se sert lui-même à l'aide d'un plateau et de pinces pour attraper les gourmandises de son choix (interdiction de les attraper avec les doigts !). À l'inverse de la France, où l'on achète un croissant ou un pain au chocolat à l'unité en cas de fringale, le côté self-service des boulangeries japonaises incite vite à l'excès.

PHOTO

Les Japonais ont longtemps donné à voir cette image de touristes brandissant leur appareil photo à la moindre occasion. La photographie est, de fait, très développée parmi les Japonais : chaque année, de nombreux étudiants s'inscrivent en école de photographie, discipline inscrite au programme des universités, et les personnes classant la photo au top de leur *shumi* (hobby) sont nombreuses.

En parlant de photo, il faut évoquer les *purikura-box*, ces photomatons-attractions qui peuplent les arcades des quartiers animés. *Purikura* est le résultat de la contraction de Print (*purinto*) et Club (*kurabu*). Toute occasion est bonne pour s'y rendre en bande, et y faire des photos customisables que l'on collera ensuite sur son agenda ou sur son portable. Une séance de *purikura* coûte généralement 400 yens. Les *purikura-box* n'ont rien à voir avec nos photomatons français. Généralement la cabine est suffisamment grande pour accueillir plusieurs personnes debout qui se lancent alors dans un concours de poses toutes plus absurdes les unes que les autres. Les instructions ne sont qu'en japonais et il faut sélectionner bon nombre d'options sur l'écran tactile avant de faire les photos... mais dans tous les cas, il n'y aura pas de mauvaise surprise car les photos sont tellement petites que la différence entre teint clair/moins clair/très clair ne se remarquera pas vraiment. Les autres options notables concernent le nombre de clichés voulus sur la plaquette finale ou les décors de fond... La séance terminée, on se rend dans la cabine attenante pour customiser les clichés grâce à un stylet. C'est alors l'occasion de fous rires incontrôlés. Une fois la plaquette récupérée, on peut partager sans plus attendre les tirages grâce aux paires de ciseaux mises à disposition tout près des machines.

PLUIE 雨 [AME]

La période des pluies, quasi ininterrompues, s'étend de fin mai à fin juin/début juillet, avec quelques variations selon les années. Elle est appelée *tsuyu* («pluie des pruniers»). Toutefois, le Japon étant relativement éloigné de l'Équateur, ces pluies ne sont en rien comparables avec les moussons qui s'abattent sur les pays d'Asie du Sud. De nature plutôt prévoyante, les Japonais s'arment de leur parapluie durant le *tsuyu* mais pour les têtes en l'air, les bacs à parapluies, mis à disposition à la sortie des gares, sont d'un grand secours; on les emprunte gratuitement pour une courte durée. Ces «dépan'parapluies» sont plus utiles qu'il n'y paraît car la disparition inopinée de parapluie au Japon est quotidienne du fait qu'ils sont tous en plastique transparent avec un manche blanc et peuvent être pris pour un autre très facilement.

Le thème des saisons au Japon est central. Un peu comme les cerisiers en fleur, la fin de la saison des pluies est un sujet prisé aux Japon. L'annonce du *tsuyu ake* (littéralement «ouverture de la saison des pluies») est généralement très attendue par tous ceux qui souhaitent se préparer à accueillir l'été.

L'expression *Ame ga furu* (littéralement «Il pleut») peut être aussi utilisée pour se moquer gentiment d'une personne qui fait quelque chose d'inhabituel. Exemple: alors que Tanimoto-san arrive régulièrement en retard au travail, ce lundi il est le premier à son poste. Surpris, ses collègues s'exclameront: *Ame ga furu!*, autrement dit: «c'est suspect, il va arriver malheur».

POISSON 魚 [SAKANA]

L'image du Japon est indissociable de celle du poisson. À commencer par les *sushi*, ambassadeur de la cuisine japonaise à travers les 5 continents. Il est plus courant, et respectueux, de parler de *o-sushi* que de simples *sushi*. Les *o-sushi* désignent toutes sortes de petites bouchées constituées de riz vinaigré et très souvent de poisson cru (mais pas toujours). Les *sushi* où le poisson est à l'honneur sont les suivants : le plus connu, le *nigiri-zushi* (riz surmonté d'une tranche de poisson cru), *maki-zushi* (entouré d'une algue), *temaki-zushi* (*maki zushi* roulé en cône à la main), *oshi-zushi* (*sushi*, « pressé » de forme carrée), *chirashi-zushi* (tranches de poisson cru disposées au-dessus d'un bol de riz), *nare-zushi* (utilisant du poisson fermenté). Contrairement à la croyance, les *sushi* ne constituent pas le repas principal des Japonais, mais on les trouve aisément en petites barquettes, idéales pour un déjeuner sur le pouce (souvent bradées en fin de journée) dans n'importe quel supermarché. Le poisson cru, d'une fraîcheur irréprochable, peut également être consommé dans sa forme la plus simple : les *sashimi*. Le poisson roi pour les *sashimi* est le *fugu*, un poisson à la chair blanche translucide, réputé pour être le plus noble (il coûte très cher) ; cependant, il possède une poche remplie de poison qu'il faut soigneusement découper afin de ne pas exposer les clients à une intoxication mortelle…

Les Japonais consomment également du poisson grillé : après l'avoir bien salé, on le cuit sur une grille incandescente. Dans ce domaine, les *unagiyaki* (anguilles grillées) sont une spécialité très prisée.

Qu'il soit consommé cru, cuit ou même séché, le poisson est partout. Le rayon poissonnerie dans les supermarchés est, à cet égard, assez impressionnant, occupant généralement un bon quart de l'espace.

—— *POLITESSE* ——

La politesse des Japonais est légendaire. Les différents degrés de politesse qui existent et les mille et une nuances qui ne semblent plus finir peuvent être déroutants au premier abord. Sans apprendre les règles de manière exhaustive, on peut s'initier aux quelques constantes de la langue et des coutumes. Par exemple, le simple fait d'accoler le préfixe *o-* (ou *go-*) à un nom commun permet de s'exprimer de manière plus respectueuse. Par déformation, certains mots sont devenus indissociables de cette marque de respect sans pour autant être polis outre mesure : *o-tcha* (thé vert), *o-mizu* (eau), *o-kane* (argent), *o-tearai* (toilettes), *o-hashi* (baguettes), *o-miyage* (cadeau souvenir).

Une autre marque de politesse, non verbale cette fois, à laquelle les touristes sont confrontés assez vite est de se déchausser avant de rentrer chez quelqu'un, mais aussi dans une cabine d'essayage, dans certains restaurants ou monuments, et même dans les toilettes (on vous fournit alors des chaussons). La formule *ojama shimasu* («je vous dérange») s'utilise lorsqu'on passe le pas de la porte de chez quelqu'un, juste avant d'ôter ses chaussures.

Enfin, un autre indispensable : quand on remercie, on incline légèrement la tête (le buste parfois) plusieurs fois si nécessaire. Pour le voir partout, on prend assez vite le pli sans même s'en rendre compte ! Les salutations de type bonjour (*konnichiwa*), bonsoir (*konbanwa*), sont employées mais la politesse japonaise ignore les formules «bonnes vacances», « bon week-end», ou encore «à vos souhaits».

POLITIQUE

L'homme politique japonais le plus emblématique reste Monsieur Koizumi : cinq ans en tant que Premier ministre constituent un record, inégalé à ce jour! En effet, la vitesse de changement du Premier Ministre est impressionnante et rares sont ceux qui occupent cette fonction plus de six mois.

Du fait de la grande instabilité parlementaire, le pays est appelé à voter presque tous les ans. Si l'on se trouve au Japon en période électorale, on s'en apercevra très vite en raison du bruit occasionné. Loin des débats d'idées et autres visites de terrain, une camionnette dotée d'un microphone qui «remercie ses électeurs pour leur soutien» passe à longueur de journée. Trois phrases répétées en boucle et qui, si l'on ne parle pas japonais, évoqueraient assez le Cirque Pinder. C'est assez insolite, d'autant plus que très souvent il n'est pas fait état des projets du parti. Tout au plus entend-on le nom de celui-ci. Certains partis inconnus franchissent tout de même le pas pour rallier des gens à leur cause et assènent aux passants des phrases sans grand fondement : «Parti du Bonheur! Nous vous promettons 0% de TVA! Nous vous protégerons des missiles coréens...»!

Le clivage gauche/droite est moins marqué au Japon qu'en France. Peu de partis politiques, mis à part les extrêmes, s'autorisent par exemple à remettre en cause l'économie de marché ou le pacifisme (qui constitue la clé de la politique extérieure japonaise depuis la fin de la Seconde Guerre mondiale, et est l'objet de l'article 9 de la constitution). Certes, le pays possède aujourd'hui une armée d'autodéfense (Jieitai), mais elle très limitée dans sa taille et ses actions: elle n'intervient que sur demande des États-Unis et uniquement pour des missions de maintien de la paix. Le Japon dépend donc en grande partie des États-Unis pour la défense de son territoire, ce qui influence fortement la nature des rapports entre les deux pays.

PORTE-BONHEUR

Les Japonais sont très friands des porte-bonheur que l'on trouve à proximité des temples ou des sanctuaires. Les *o-fuda* sont des sortes de petites amulettes en tissu renfermant un bout de bois où est inscrit un vœu qui protège des mauvais esprits. Des stands sont installés dans l'enceinte même des lieux de culte et assurent des revenus conséquents aux religieux. Car tout bon Japonais achètera son *o-fuda* lors de son pèlerinage. Appelés aussi *o-mamori* («les protecteurs»), ils sont classés et «traduits» en anglais pour les touristes selon le domaine dans lequel ils opèrent: scolaire, santé, amour, etc. On fait généralement un souhait au moment de l'acquisition puis on le garde près de soi jusqu'à ce que notre vœu se réalise. Vendus aux alentours de 400 yens, ces petits porte-bonheur font souvent la joie des amis restés en France.

Q

QUARTIER

La notion de quartier au Japon est assez marquée. Il est extrêmement rare de voir des quartiers qui mélangent plusieurs types d'activités. De fait, un quartier d'affaires, un quartier résidentiel ou un quartier d'amusements sont identifiables au premier coup d'œil. Voilà pourquoi dans les endroits animés, on trouve des centaines voire des milliers de restaurants, bars, clubs, les uns à côté des autres – ou plutôt les uns au-dessus des autres. En effet, tous les étages des immeubles peuvent accueillir un restaurant ou un bar. Il est donc très difficile de faire son choix soi-même en déambulant simplement dans la rue.

En général, si on connaît un lieu c'est que quelqu'un nous y a emmenés ou qu'un «rabatteur» a eu raison de nous. Même si vous êtes munis de l'adresse et d'un plan, la tâche de localisation n'est pas simple. Le panneau indiquant le lieu de notre convoitise se trouve généralement entre 10 autres panneaux multicolores et scintillants, à notre plus grand désarroi. Demander son chemin ? Si la personne croisée connaît le lieu voulu, étant donné qu'il n'y a pas de noms de rue ou que de toute façon peu les connaissent, elle vous indiquera le chemin en s'aidant des *combini**: «tournez à droite, et au prochain Lawson tournez à gauche et c'est dans l'immeuble à côté du Sunkus au 5ᵉ étage». Moralité :

le plus simple quand on sort est de se munir d'un *free paper** situant lesdits *combini*.

QUESTIONNEMENTS IDENTITAIRES

Les mutations de la société japonaise ont amené certaines tranches de la société à se poser des questions identitaires fortes.

Cette recherche concerne tout naturellement la jeune génération en quête de nouveaux modèles. La réussite scolaire, puis professionnelle, est un idéal que tout bon Japonais se doit de respecter. Beaucoup de jeunes refusent aujourd'hui ce schéma et décident de devenir *freeters* («sans boulot fixe») ou de se lancer dans une carrière artistique marginale. Ce faisant, ils rejettent le système de compétition à outrance qu'ils accusent d'être à l'origine de comportements de persécutions organisées (*ijime*). La pratique de l'*ijime*, quasi institutionnelle, pousse certaines victimes au suicide ou à des troubles de la personnalité (refus d'aller à l'école, repli dans sa chambre ; ce phénomène est appelé *hikikomori*). La communication parent/enfant étant faible, la situation évolue difficilement. Mais depuis quelques années, ces problèmes sont pris plus au sérieux et l'on tente d'y remédier à grand renfort de débats télévisés.

Les femmes, également, cherchent un nouveau positionnement. Longtemps cantonnée à son rôle d'épouse exemplaire, la femme japonaise a commencé à s'émanciper dans les années 1970 et aujourd'hui, nombreuses sont celles qui travaillent et rêvent d'une carrière brillante. Témoin de cette évolution, le taux de natalité au Japon est l'un des plus bas du monde et il serait en partie imputable à ce phénomène. Néanmoins, cette affirmation est à tempérer car une grande partie des femmes célibataires ou sans enfants, ne l'a pas choisi : à défaut de prise en charge adaptée (système de crèches et pratique du baby-sitting quasi inexistants), elles sont souvent obligées de choisir entre leur travail et leur vie personnelle bien qu'au fond la majorité des jeunes filles rêvent encore d'un beau mari et d'une belle maison.

Les questionnements identitaires touchent enfin les minorités. C'est le cas des nombreux Japonais d'origine coréenne (*zainichi kankoku-jin*). Au cours des différentes vagues d'immigration, les immigrés coréens ont tenté de s'intégrer en adoptant par exemple un nom japonais – pour autant, cela n'a pas empêché de nombreuses discriminations. Aujourd'hui, nombre de petits-enfants d'immigrés, pourtant élevés à la japonaise, souhaitent redécouvrir leurs racines et valoriser leur différence longtemps portée comme une honte.

QUI ? QUAND ? QUOI ? OÙ ?

Ces mots sont faciles à mémoriser et peuvent toujours servir.

Qui : *dare*	Quoi : *nani*
Quand : *itsu*	Où : *doko*

R

RÂMEN ETC. ラーメン

Le *râmen* est un plat importé de Chine qu'il est, de l'avis même des Japonais, très réconfortant de manger à la sortie des clubs ou *karaoké*. La base du *râmen* est constituée d'un bouillon (*dashi*), soit de poulet, d'os de porc (*tonkotsu râmen*), de sel (*shio râmen*) ou de miso (*miso râmen*). Puis viennent s'ajouter quelques tranches de porc, des nouilles, un œuf, du *kimuchi* (chou épicé coréen) au gré des envies. Les *râmen* de l'île de Kyûshu sont réputés à travers tout le Japon pour leur goût inimitable et la variété des nouilles proposées (ondulées, droites, très fines, plus épaisses, etc.)

Les nouilles utilisées dans la préparation du *râmen* sont souvent des *soba*, à base de farine de blé. Il existe par ailleurs des nouilles de farine de sarrasin, les *udon*, généralement plus épaisses. *Soba* et *udon* sont utilisées dans d'autres préparations : *kitsune udon/soba* (soupe de nouille), *zaru udon/soba* (nouilles froides posées sur un tamis, dégustées en été), etc.

RAMPANTS

Les scarabées sont très appréciés des petits Japonais qui les chassent et les collectionnent, les beaux jours venus. Il y en a de nombreuses variétés que l'on peut notamment admirer en boutique mais sachez que le *kabutomushi* ou «scarabée rhinocéros» (affublé d'une sorte de corne) est le must de cette catégorie.

Moins charmants sont les cafards que l'on croise en été. Impressionnants par leur taille et leurs antennes télescopiques, certains même volent! La chaleur et l'humidité de l'été les attirent et peu importe la salubrité de l'appartement, ils seront au rendez-vous. Impossible d'y échapper! Par ailleurs, il faut se méfier des cigales (*semi*), plus dangereuses qu'on ne le croit. Elles volent à vive allure et il n'est pas rare qu'une collision se produise entre l'insecte et votre œil... Et lorsque la saison des cigales est finie, ce sont les *tsutsuku bôshi* qui prennent le relais!

RANDONNÉES

Le territoire japonais étant recouvert à 70% par la montagne, les occasions de randonnées ne manquent donc pas. Certains opérateurs proposent des séjours nature depuis la France. Mis à part l'ascension du mont Fuji, le Kôyasan, ou mont Kôya, inscrit au patrimoine mondial de l'Unesco, est une destination prisée par les touristes. Le plus simple pour s'y rendre est de prendre depuis Osaka la ligne Nankai. Il se trouve dans le département de Wakayama, au sud d'Osaka, et abrite des centaines de milliers de pierres tombales dans la forêt dense qui mène au temple principal. Situé à 900 mètres d'altitude, le Kongobu-ji fondé en 816 par le moine Kûkai est le premier des 120 temples et monastères construits par la suite. Certains d'entre eux proposent aux pèlerins et aux visiteurs l'hébergement et la possibilité de s'initier à la pratique de *zazen* mais la région étant isolée, les prix y sont très élevés.

RÉGIONALISME

Chaque région est marquée par une histoire et très souvent un dialecte propre quand il ne s'agit pas tout simplement d'une ethnie différente, comme au nord du Japon à Hokkaido ou encore au sud à Okinawa*.

Sur l'île principale (Honshû), le Kansai revendique sa différence par rapport au Kantô. On traduit souvent Kansai par «Japon de l'ouest», qui englobe Kyoto, Kobe, Nara et Osaka. Par opposition, l'appellation Kantô désigne le «Japon de l'est» et sert principalement à se référer à la ville de Tokyo. Certaines habitudes illustrent ces différences : par exemple, à Tokyo on se range à gauche sur l'escalator, alors qu'à Osaka c'est le contraire. Dans son ensemble, le Kansai représente plus le Japon «traditionnel» que Tokyo, même si Osaka n'a rien d'une petite ville de province. Dans tous les cas, il ne faudrait pas limiter le Japon à ses grandes villes. Pour ceux qui en ont le temps, l'argent et l'envie, les parties rurales offrent une vision tout autre du Japon. Pour voyager en dehors des sentiers battus, il est bon d'être un peu aventurier ou alors de faire appel aux prestations des agences de voyages françaises ou locales, car si l'anglais est encore peu maîtrisé à Tokyo, il ne l'est pas du tout en rase campagne.

REIKIN 礼金

À savoir avant d'emménager au Japon : le *reikin* est un passage obligé et financièrement douloureux. Outre les frais d'agence en sus et les mois de caution habituels, l'heureux locataire se verra réclamer un *reikin* ou «argent de remerciement». En effet, au Japon, celui-ci doit remercier son bon propriétaire de lui donner la possibilité de loger chez lui. Le *reikin* varie d'un appartement à un autre, d'un quartier à un autre, d'une province à une autre et est laissé à la discrétion de l'agence et du propriétaire. Il peut aller jusqu'à deux mois de loyer qui ne seront jamais restitués. La pratique tend à disparaître et certaines agences n'hésitent plus à afficher en toutes lettres *Reikin = 0¥* pour attirer les clients potentiels.

RELIGIONS

Les deux religions majoritaires au Japon sont le shintoïsme et le bouddhisme (il existe quelques églises protestantes ou catholiques et mosquées mais les adeptes sont très minoritaires). Le *shintô* («voie des dieux») est une religion polythéiste où l'on vénère plusieurs *kami*, parfois incarnés par une pierre, une montagne, etc. Les sanctuaires *shintô* sont reconnaissables grâce au *torii*, portail rouge gardant l'entrée et sont représentés sur les cartes par un signe ressemblant étrangement à une croix gammée. Le *torii* dans l'eau à Miyajima en est l'emblème incontesté. Le *shintô*, dont le lieu de culte est le *jinja* ou *jingû*, est pratiqué pour des événements heureux comme la naissance, la fête des enfants de 3, 5 et 7 ans (*sichi-go-san matsuri*) ou le mariage, alors que le bouddhisme, au Japon, est plutôt raccroché aux événements funéraires. Les temples bouddhiques sont, eux, appelés *tera* ou *dera* (parfois prononcé *ji* à la chinoise). Les Japonais suivent aussi bien les rites du *shintô*, ancestral, que du bouddhisme importé de Chine au VIIe siècle. Pour simplifier, «on naît shintoïste et on meurt bouddhiste». Ce qui signifie que l'on ne choisit pas d'être l'un ou l'autre : on est les deux. En fait, peu de Japonais croient réellement et pratiquent quotidiennement, et la pratique est plus de l'ordre de la tradition que de la foi. Néanmoins certaines branches bouddhiques demandent un investissement plus important de la part de ses membres, comme la *sôka gakkai* qui publie une revue hebdomadaire, organise des réunions de groupes, préconise la prière journalière, etc.

RESTAURANT

Les restaurants laissent certains touristes perplexes surtout au moment de régler la note. Inutile, en effet, d'appeler le serveur pour qu'il apporte l'addition, elle est généralement déjà sur la table ou dessous dans un petit renfoncement prévu à cet effet. Le *denpyô* est complété manuellement au fur et à mesure des commandes (au Japon la tendance est de prendre pleins de petits plats à partager). Les commandes étant très fréquentes (puisque passées au fur et à mesure), la plupart des restaurants équipent leurs tables de petites sonnettes, à actionner pour voir accourir le serveur qui s'accroupira devant la table pour prendre la commande. Le repas terminé, il suffit de prendre le *denpyô* et de l'apporter à la caisse. Après avoir réglé, on quitte le restaurant avec la formule *gochisô sama deshita* («c'était un régal»), qui permet de remercier, au lieu du simple *arigatô*. Dans certaines chaînes bon marché (Yoshinoya, Matsuya, Sukiya, etc.) et de nombreux restaurants de *râmen**, on paye avant de commander en sélectionnant les plats désirés sur la machine située à l'entrée. Des photos sur les touches indiquent souvent les plats. Un ticket sort, il ne reste plus qu'à prendre place et à le donner à l'employé qui vous servira en moins de 2 minutes.

RIRES

Une chose est flagrante, les Japonais rient souvent. Mais interpréter ce rire est délicat car il peut signifier un simple amusement ou au contraire une gêne. Les Japonais ont ainsi l'habitude d'exprimer leur gêne par un sourire ou un rire, ce qui peut parfois être considéré de manière erronée comme une moquerie. Ce qui est singulier, c'est que les femmes et les hommes ne rient pas de la même manière : généralement les jeunes femmes se cachent la bouche de la main lorsqu'elles rient, ce qui leur donne, aux yeux de leurs pairs, un air *kawai** tandis que les hommes, eux, rient à gorge déployée. Avant l'âge de 20-25 ans, toutefois, garçons et fille rient sans complexe.

RIZ 米 [KOME]

Cliché de parler de riz dans un livre sur le Japon ? Oui et pourtant, quiconque a déjà évoqué le sujet avec un Japonais, comprendra l'importance qu'il occupe dans la vie de chacun. Pour s'approcher de l'émoi d'un Japonais décrivant le riz, on peut faire l'analogie avec la baguette. La croûte bien croquante, la mie encore chaude... Un Japonais salivera de la même manière en imaginant un bol de *shinmai* («riz nouveau») encore fumant. Si le riz est un dieu au Japon, le riz nouveau est cosmique. On aura beau goûter et re-goûter, on ne trouvera jamais ce qui fait s'extasier notre ami japonais de bonheur – il y a un peu de la Madeleine de Proust dans cette expérience gustative...

SAISONS

Les saisons sont très marquées et ponctuent la vie des Japonais qui ne manquent jamais de mentionner le sujet. Le spectacle lié au passage des saisons est marqué par deux temps forts : le *hanami* au printemps et le *momiji* en automne.

Le *hanami* (littéralement « regarder les fleurs ») est une tradition japonaise qui débute avec les premiers cerisiers en fleurs, fin mars. S'ouvre ainsi la *hanami season* (prononcez *shîzun*) tant attendue. Cette tradition consiste à aller profiter de ce spectacle entre amis ou en famille autour d'un pique-nique, souvent bien arrosé. Le thème des cerisiers en fleurs est un sujet de conversation inépuisable. Durant les 5 semaines où les arbres fleurissent, les journaux télévisés débutent nécessairement par une allusion au sujet comme « Cette année la floraison est plus tardive », « voici des images des cerisiers dans telle localité », etc. Tout ce « battage médiatique » peut paraître excessif mais quand on a vécu une *hanami season* dans son intégralité (bourgeonnement, éclosion, fleurs qui tombent au vent) on comprend pourquoi ce spectacle éphémère passionne tant les Japonais. Les fleurs sont en pleine éclosion pas plus d'une semaine, ce qui en fait un moment de grâce particulier. À Tokyo, le parc d'Ueno ou celui de Sumida près d'Asakusa sont des lieux privilégiés durant cette saison. Mais c'est bien Kyoto qui est l'endroit rêvé pour profiter des *hanami*, au parc Maruyama, le long du Chemin des philosophes, ou au sanctuaire de Heian. Pour des raisons climatiques, plus on monte au nord, plus l'éclosion sera tardive. Donc, si l'on a raté le *hanami* à Tokyo, on peut toujours aller en profiter à Sapporo, sur l'île d'Hokkaidô.

Le *momiji* est à l'automne ce que le *hanami* est au printemps. Parfois appelé *kôyô*, le *momiji* sert à définir le changement de couleur des feuilles en automne (litt. feuilles rouges). L'érable japonais en est sans nul doute le symbole. Par assimilation, il arrive d'ailleurs qu'on appelle l'érable *momiji*. Pendant quelques semaines, les arbres se parent de couleurs chaudes, allant du jaune au rouge vif. À cette occasion, les endroits réputés (en particulier de nombreux temples de la région de Kyoto) sont envahis par la foule qui vient participer au traditionnel *momiji-gari* (contemplation du *momiji*). Le *matsuri* d'Arashi-yama près de Kyoto, qui se tient le deuxième dimanche de novembre, est très apprécié.

SAVOIR-VIVRE

Mânâ (qui vient de l'anglais *manner*) est le mot générique pour désigner toutes les règles de bienséances auxquelles il faut se plier. Pour les respecter, encore faut-il les connaître. Tout d'abord, lorsque l'on se trouve dans les transports publics, il convient de mettre son téléphone portable en *mânâ môdo* (*manner mode* ou mode silencieux), afin de ne pas perturber le confort des autres voyageurs. Inutile de dire qu'il serait choquant d'oser répondre aux appels... La parade est donc de communiquer par texto, ce que fait la moitié du wagon.

Pour des raisons de salubrité, peut-être, les Japonais ne s'autorisent pas à manger dans les transports publics, sur les quais des gares, ou même dans la rue. Vous ne verrez personne manger un sandwich en marchant, ou dans le métro à la pause déjeuner, cela ne se fait pas. Ces codes de savoir-vivre sont régulièrement rappelés à la jeune génération (si désinvolte!) dans les rames de métros, grâce à des affichettes illustrées rappelant les *mânâ* de base.

Par pudeur, on ne se mouche pas en public. Même de la part d'un étranger, ce geste peut choquer. À la place, les gens renifleront allègrement tout au long de la journée.

Enfin, les gens évitent de se fixer longuement dans les yeux. Cette attitude peut être perçue comme une intrusion, il est donc fortement déconseillé de le faire si l'on cherche à gagner la confiance de quelqu'un.

SCOLARITÉ

Avril est le mois associé aux cerisiers en fleurs et au renouveau. Ce n'est donc certainement pas un hasard si l'année scolaire commence à cette époque. La scolarité obligatoire est divisée entre l'école primaire, le collège et le lycée. L'une des spécificités du système scolaire, souvent mentionnée d'ailleurs, est que les élèves doivent participer aux tâches ménagères de l'école. Des groupes d'élèves se relèvent ainsi pour nettoyer la classe, arroser les plantes, nourrir les poissons rouges et ainsi de suite. De plus, le système japonais ne connaît pas le redoublement; quel que soit leur niveau, tous les élèves restent «soudés» dans une même classe plusieurs années de suite pour «une meilleure cohésion du groupe». Un autre aspect est également souvent commenté : la course à la réussite. Les Japonais sont mis dès le plus jeune âge sous pression pour intégrer les meilleures universités (auxquelles on accède par concours). Il faut donc aller à la meilleure crèche pour intégrer les meilleures écoles primaires et ainsi de suite. Si le simple fait d'aller en classe ne suffit pas, il existe des *juku* auxquels les parents font grandement appel. Ce sont des sortes d'études payantes où l'on envoie ses enfants après les cours et le week-end pour qu'ils s'avancent sur le programme et s'entraînent pour les examens à venir.

À la suite de cette longue course parsemée d'embûches, l'université est paradoxalement vécue comme une période bénie : le plus dur est d'y entrer mais après, le diplôme est à portée de main. Il existe deux types d'universités : les *tanki daigaku* qui durent deux ans, et celles proposant des cursus longs de quatre ans. Une fois diplômé, la période de recherche d'emploi (*shûkatsu*) peut commencer. Celle-ci est essentielle. Rater son entrée sur le marché du travail est synonyme de recherches futures pénibles ; en effet, la tradition veut que l'on intègre une entreprise en tant que diplômé de l'année.

SÉGRÉGATION

Les *burakumin* ont constitué, dès l'époque féodale, une communauté de personnes mises à l'écart de la société et condamnées à demeurer ainsi par la pratique d'une ségrégation sociale et spatiale. Pourtant, rien physiquement ne les distingue des autres Japonais, ils possèdent exactement les mêmes origines ethniques et culturelles que le reste de la population. Cependant, une fois qu'on a clairement établi leur appartenance au groupe *burakumin*, la discrimination commence. Dès l'époque Heian (794-1185) et selon les préceptes *shintô* et bouddhiques, ceux dont le travail avait un rapport avec la mort (bouchers, croque-morts, tanneurs) étaient considérés comme impurs et mis à l'écart par peur de contagion. Durant l'ère Edo, cette discrimination devint institutionnelle. Des lois sociales furent promulguées divisant la société en castes et contrôlant pour chacune d'elles l'activité professionnelle, le mariage, la résidence. Les seules activités réservées au *burakumin* étaient alors: forains, ramasseurs d'ordures, bouchers, tanneurs, croque-morts, et leurs lieux de résidence limités à certains hameaux (*buraku*, d'où leur nom *burakumin*, «la communauté du hameau»). Bien qu'en 1871, le gouvernement Meiji ait aboli ces lois, les mentalités sont difficiles à changer. Ces «parias» sont moins visibles aujourd'hui, mais des milliers vivent éparpillés au milieu du reste de la population avec la crainte d'être découverts par le biais d'investigations menées traditionnellement au moment du mariage ou d'une demande d'emploi.

SERVICE EXEMPLAIRE

Le Japon est sans conteste le pays du service. Énumérer tous ces petits gestes du quotidien qui rendent la vie plus facile serait ici sans fin mais quelques pratiques sautent rapidement aux yeux. Pour commencer, les employés de magasin accueillent chaque entrée de manière presque théâtrale, à grand renfort de *Irrasshaimase!** alors que le client, lui, salue à peine et omet souvent de dire merci. Si cela peut sembler ingrat, on a ici la preuve qu'au Japon le client jouit d'un statut bien particulier. Pour satisfaire aux exigences de ces clients rois, des métiers assez surprenants ont été développés : ainsi les « grooms d'escalator » ont comme obligation de s'incliner à 90° à chaque fois qu'un client monte son escalator, en le remerciant bien de son aimable visite. Par ailleurs, les supermarchés et *combini**, fournissent gratuitement baguettes, cuillères en plastique ou pailles quand elles sont nécessaires. De la glace carbonique (*dry ice* ou *dorai aisu*) est également à disposition près des caisses, en libre-service, pour qui veut préserver ses plats congelés le temps du voyage. Enfin, en cas de grande affluence, les magasins ont recours à des extras qui se chargent d'emballer vos courses : il n'y a plus qu'à s'en saisir et rentrer chez soi sans avoir levé le petit doigt.

SET

Pour une communication fluide au moment de passer commande, mieux vaut savoir qu'un menu se dit *set* (*setto*) et que c'est la carte que l'on désigne par *menu* (prononcé *mênyû*). Au Japon il existe souvent des formules, des *sets*, qui sont généralement très intéressantes financièrement, surtout le midi. Les *lunch-sets* sont très accessibles (aux alentours de 600 yens pour un plat type *bentô** japonais et 1 000 yens pour une formule occidentale). Les *kêki setto* sont assez répandus au moment du goûter : ils proposent une boisson et une part de gâteau à un prix avantageux.

SHINKANSEN 新幹線

À l'origine, ce mot signifie « nouvelles grandes lignes » mais est aujourd'hui adopté pour parler du train à grande vitesse japonais. Le prix des billets de *shinkansen* est généralement invariable et... malheureusement très cher : comptez 28 000 yens pour un aller-retour Tokyo/Kansai. Il existe plusieurs types de *shinkansen* dénommés Kodama (le plus lent), Hikari (l'intermédiaire) et Nozomi (le plus rapide) et le prix du billet peut varier un peu en fonction du type de TGV utilisé, mais de quelques milliers de yens seulement (20-30 euros maximum).

SÔ, SÔ, SÔ !

Le mot peut être décliné en solo, duo, trio, quatuor et pourquoi pas à l'infini si l'envie nous en prend.
Sôôôôô !
sôô ! sôô !
sô ! sô ! sô !

Arrêtons-nous là pour les exemples mais la règle est assez simple à mémoriser : la durée de l'accentuation est inversement proportionnelle au nombre de répétitions du mot. Autrement dit, plus le *sô* est répété, plus l'accentuation du *o* faiblit. Autant dire qu'une fois que l'on dépasse les 5 *sô*, on n'entend plus qu'une vague succession de *s* (évoquant pour certains fans, Kâ, le serpent du *Livre de la Jungle*)...

Sô sert en fait à marquer l'acquiescement. On peut le traduire par « exactement », « c'est ça ! » ou simplement « oui ». Il est également utilisé sous forme interrogative : *ah, sôôô ?* (la forme plus polie donne : *ah, sô desuka ?*), lequel correspond à notre «ah oui?» et, clin d'œil aux germanophones, se confond presque parfaitement avec les expressions allemandes: *ach so!* («c'est donc cela!») ou *so?* («vraiment?»).

Cette astuce de langue démontrera très vite son utilité. Même lors d'une conversation en anglais avec un(e) Japonais(e), il arrive fréquemment qu'il ou elle s'emporte et ne puisse refréner un *sô* enthousiaste quand, au bout de longues explications, vous finissez par comprendre ce dont il retourne. Prenons une situation (fictive mais plausible): «Aaaaah, d'accord! Vous n'êtes pas de Tokyo, vous êtes de Shikoku, mais vous êtes juste venu travailler à Tokyo! Ok, ok.». De joie, votre interlocuteur s'exclame alors: *Sô sô sô sô!* (ou plus justement «s' s' s' s' », ainsi qu'il est mentionné plus haut).

De même, à l'inverse, l'expression *tchigau*, qui signifie littéralement «vous vous trompez», sert lorsque l'on veut dire «non». À noter: dans la région du Kansai, *tchigau* se dira «tchau», lequel sonnera à l'oreille étrangère comme le «ciao» que nous utilisons si souvent – à ne pas confondre!

SÔSHOKU DANSHI

Un paragraphe sur les carnivores (*nikushoku*) et herbivores (*sôshoku*) dans un livre de biologie, rien de plus normal. Ce qui surprend, c'est qu'au Japon ce distinguo s'applique désormais à la gent masculine. Sur le Meetic local, on pourra voir écrit «je suis plutôt herbivore» sans que cela n'implique une quelconque appartenance au règne animal. Dans l'imaginaire collectif, le terme *sôshoku-danshi* (homme herbivore) sert à caractériser un homme plutôt timide en amour, pas vraiment porté sur le sexe, ayant du mal à s'affirmer. Le «carnivore» est plus démonstratif quant à ses ardeurs, et plus viril. Revenant régulièrement dans les émissions télévisées, la question n'est pas tranchée quant à savoir ce que préfèrent les femmes japonaises...

SUGOI !

Si de nombreuses choses sont *kawai** au Japon, beaucoup d'autres sont *sugoi*. Les Japonais ayant une façon assez exagérée de montrer leur enthousiasme par la force de l'accentuation d'un mot, il ne faut pas être étonné si ce qu'on entend ressemble plus à *suuuuuuuuuuuuugggooooooooooi* qu'au sage adjectif de 5 lettres cité en tête de ce paragraphe. Pour s'approcher le plus possible de cette utilisation, on traduira alors *sugoi* par «waouh!», ou sinon par «incroyable!».

Quelqu'un réussit un saut périlleux?: *Sugoi!* Vous arrivez à utiliser des baguettes?: *Sugoi!* Vous travaillez dans une entreprise?: *Sugoi!* Parfois ce mot sert juste à combler un blanc lorsqu'on ne sait pas trop quoi dire.

SUPPON

Nos amis Anglo-Saxons nous qualifient de mangeurs de grenouilles, mais qualifient-ils les Japonais de mangeurs de tortues? Alors qu'aux yeux de ces derniers, manger du lapin semble un acte de cruauté innommable, pour ce qui est des tortues, la sentence bénéficie de circonstances atténuantes. Le *suppon* (tortue à carapace molle) serait, semble-t-il, très bon pour la peau car riche en collagène. Ce plat traditionnel qui est une sorte de soupe, s'est vu remettre à la mode, pour le plus grand bonheur de ces dames soucieuses de leur vieillissement cutané.

SUMIMASEN

Ce mot est prononcé *su-imasen* (en insistant bien sur le u et en omettant le m). Il sert à dire presque tout dans la sphère du poli. « Merci », « Je suis désolé », « S'il vous plaît. Il est à utiliser abondamment au restaurant ; les clients japonais n'hésitent pas à le crier à travers la salle (sans ce sésame, difficile de se faire entendre). Aucune gêne donc à le prononcer vraiment très fort. Par ailleurs, *sumimasen* s'emploie beaucoup pour s'excuser lorsque l'on bouscule ou que l'on arrête quelqu'un pour lui demander un renseignement. C'est sans doute l'un des mots que l'on entend le plus souvent lors de ses pérégrinations au Japon.

T

TASUKETE !!!

Cela signifie « à l'aide ! ». Le Japon étant très sûr, rares sont les fois où l'on risque de l'utiliser ou même de l'entendre, mais on n'est jamais trop prudent. De façon plus réaliste, on peut être amené à utiliser l'expression *tasukarimashita* après avoir été renseigné dans la rue. Littéralement, cela signifie « vous m'avez sauvé », autrement dit « vous m'avez bien aidé ». Le mot est un peu long mais pas imprononçable et remercier par cette formule peut être un bon moyen de montrer sa gratitude. À utiliser sans modération.

TAXI タクシー

Au Japon, les taxis ont des portières automatiques (attention à leur ouverture) et les conducteurs des gants blancs. Il vaut mieux éviter de prendre le taxi, surtout depuis l'aéroport, car la course peut être facturée à l'équivalent français de plus de 100 euros. Il existe une multitude de compagnies de taxi (pratiquant des tarifs quasi identiques : 500-520 yens le premier kilomètre). Il est donc assez facile d'en trouver, même un samedi à 2 ou 3 heures du matin. À savoir, il y a une règle à respecter et l'on risque de vous le signifier si vous vous trompez : il faut monter dans le taxi en queue de file et non l'inverse car les taxis japonais se rangent en marche arrière et le taxi prioritaire se retrouve donc «dernier de la file». Il n'est pas coutume de laisser de pourboire au conducteur, le prix à payer est celui indiqué sur le compteur.

TCHIN TCHIN

Il vaut mieux éviter de dire haut et fort *tchin tchin* qui signifie «zizi» en japonais. Si vous souhaitez trinquer dans la langue locale, dîtes: *Kanpai!* Étymologiquement, l'expression vient du chinois et signifie: «coupe vide» (en chinois et coréen on traduira respectivement *kanpei* et *kanbei*). Une autre formule risque d'éveiller votre curiosité: comme ailleurs, les Japonais aiment à se lancer le défi de boire «cul sec»; on chante alors en chœur en frappant des mains le tempo *ikki! ikki! ikki!* jusqu'à la capitulation ultime de la victime.

TECHNIQUES DE COMBAT

L'histoire japonaise a produit de nombreux arts martiaux, parfois inspirés de la culture chinoise. Dans les temps anciens, tir à l'arc (*kyûdô*) et escrime (*kenjustu*) faisaient partie de l'apprentissage des guerriers. Le *kendô* (littéralement «voie du sabre»), né au XIIIe siècle, peut être considéré comme la version moderne du *kenjutsu*. L'art consistait à dégainer la lame avant que l'adversaire n'ait le temps de riposter. Aujourd'hui le sabre a été remplacé par quatre lames en bambou, assemblées par des lanières de cuir. La pratique du *kendô* nécessite d'investir dans une armure qui rappelle celle des samouraïs et le port du casque est obligatoire, les coups à la tête étant permis. Aux XVe et XVIe siècles, alors que le port d'arme fut interdit, une nouvelle forme de lutte se développa pour finalement donner naissance au karaté (littéralement « mains vides »), lequel aurait des liens avec un art d'origine chinoise introduit au Japon sur les îles d'Okinawa*. Aujourd'hui, le karaté, ou encore le *jûdô* (« la voie de la souplesse ») et l'*aikidô* sont enseignés dans de nombreux pays étrangers selon des codes précis de salut et de prises (*kata*).

Le sport de combat le plus représentatif du Japon est sans doute le *sumô*. Attention, en japonais, *sumô* est le nom du sport et non des participants ! Les lutteurs sont appelés *rikishi*, ce qui veut dire « professionnel de la force » ; l'appellation *sumotori* est très peu usitée au Japon. Les tournois ont lieu six fois par an, à Tokyo en janvier, mai et septembre, à Osaka en mars, à Nagoya en juillet et à Fukuoka en novembre. Devenus professionnels, les *rikishi* sont baptisés d'un nouveau nom qu'ils adoptent lors des compétitions. Depuis quelques années, des *rikishi* étrangers se classent dans les tournois nationaux aux côtés des grandes figures du pays et adoptent eux aussi des noms de combat japonais. Ce sport, diffusé sur les chaînes nationales, reste très populaire. Rappelons qu'il consiste à expulser son rival hors du cercle tracé (4,55 m de diamètre) ou de le faire tomber sur le dos en moins de deux minutes. Pour l'anecdote, « bras de fer » se dit en japonais *ude-zumô*, à savoir « combat de sumô de bras ».

THÉ 茶

Le thé japonais est appelé *o-tcha*, que nous appelons thé vert et qui est le thé le plus répandu au Japon. Il existe également le *mattcha*, plus amer, le *ryoku-tcha* vanté pour ses propriétés minceur, ou encore le *hôji-tcha*, thé fumé au goût particulier. Le thé noir que l'on boit en Occident est, lui, appelé *kô-tcha*.

L'art de la cérémonie du thé, longtemps enseigné aux jeunes filles comme l'un des critères pour être une bonne épouse, est aujourd'hui peu pratiqué. Cet art importé de Chine se développa au XVIe siècle avec la pensée *zen** et grâce au maître Senno Rikyo. À l'origine il était éminemment masculin et servait à apaiser les passions des guerriers. Peu à peu, il devint un rituel plus féminin. L'hôte ou l'hôtesse prépare le thé selon un ordre et des gestes précis ; il dépose la poudre de thé vert au fond du bol, verse l'eau chaude et bat le mélange avec un fouet en bambou. Une fois le liquide surmonté d'une mousse verte, il l'offre à ses invités qui doivent le recevoir selon les manières ; on admire d'abord le bol dont l'hôte raconte l'histoire. L'invité d'honneur reçoit le bol et le fait tourner trois fois dans le sens des aiguilles d'une montre, avec la main droite. La paume de la main gauche sous le bol, il boit alors quelques gorgées tout en faisant des compliments sur la saveur du thé. Pour le rendre, il le tourne encore trois fois avec la main droite dans le sens inverse, puis il essuie le bord où il a porté ses lèvres avec du papier. Et ainsi de suite pour les autres invités.

TÔFU 豆腐

Pour se faire comprendre, il est essentiel de bien allonger le *o*, sans quoi votre interlocuteur pourrait croire à un éternuement. Alors que l'on parle en Occident de *tôfu* comme s'il s'agissait d'une seule et même chose, il en existe en réalité une multitude : soyeux, semi-ferme, ferme, très ferme, au sésame, *tôfu* plat, etc. L'origine du mot signifie « graine de soja fermentée ». Finalement, c'est un peu l'équivalent du fromage au Japon. Le mode de fabrication comporte de nombreuses similarités avec le fromage, à ceci près que le *tôfu* est fait à partir de lait de soja.

TSUNAMI 津波

Le terme se décompose ainsi : *tsu* (津) « port » et *nami* (波) « vague ». C'est l'un des rares mots japonais qui soit passé dans le langage courant à l'étranger. En mars 2011, après le tsunami meurtrier qui a frappé le nord du Japon, on a beaucoup parlé du stoïcisme des habitants. Il est vrai que nombre de personnes semblaient résignées à leur sort, citant, pour certains, le titre d'un roman de science-fiction comme seul argument. Écrit en 1973, *Nihon Chinbotsu* explique comment tôt ou tard le Japon sera englouti par les flots. Le thème est récurrent dans l'imaginaire japonais ; *Ponyo sur la falaise*, le dessin animé de Hayao Miyazaki sorti en 2008, reprend l'idée que la mer peut se révéler dangereuse. À savoir, un tsunami se produit uniquement quand l'épicentre d'un tremblement de terre est au large des côtes. Les enclaves côtières telles que la baie d'Osaka sont donc a priori protégées car la vague arrive de front.

TOURS

Bien que la jeune génération se soit affranchie des voyages de groupes (*shûdan ryokô*) si populaires dans les années 1980, les voyages organisés restent encore la norme au Japon. Le principal frein aux voyages « libres » réside dans le fait que peu de Japonais pratiquent suffisamment l'anglais pour partir seuls et gérer les situations de stress dans une langue autre que le japonais.

Cause ou conséquence de cette réalité, toujours est-il que les agences de voyages japonaises (HIS, JTB pour les plus connues) proposent en majorité des « tours » (*tsûâ*) où l'itinéraire et les hôtels sont prédéfinis. Dans ces formules, la durée du séjour est très limitée (quelques jours ou une semaine tout au plus). Mais de toute façon, la plupart des billets A/R, même en vol sec, sont limités tarifairement à 21 jours. Si l'on veut voyager en Asie pour une durée supérieure à 3 semaines, il faut payer deux billets simples, opération qui revient assez cher. Ce mode de fonctionnement peut être assez frustrant quand on sait qu'un billet A/R dans le sens Chine/Japon coûte aux alentours de 150 euros et que l'inverse dépasse généralement les 400 euros (pourvu qu'on n'y passe pas plus de 21 jours).

U-V

UNION

Pendant longtemps, le mariage était lié au devoir : on unissait deux familles et les mariés n'avaient pas vraiment leur mot à dire. Ce type d'union arrangée est appelé *o-miai kekkon*. Le *miai* (littéralement «se voir mutuellement») fait référence à la rencontre des deux jeunes promis, organisée par un *nakôdo* (entremetteur officiel) et les parents des futurs mariés, généralement suivie d'un repas dans un restaurant. Après ce repas, les jeunes gens sont libres de se voir s'ils le désirent. À contre-courant du mariage arrangé, le *ren'ai kekkon* (mariage d'amour) s'est imposé au fil des ans, mais on observe depuis quelque temps une résurgence des *o-miai*. Même lorsqu'il est «d'amour», le mariage reste très raisonné ; avant de s'engager, une jeune fille tient à savoir combien gagne l'élu de son cœur afin de voir si oui ou non une union est envisageable.

La cérémonie de mariage à la japonaise (*kekkonshiki*) se fait selon les rites *shintô*. Chaque invité doit payer une somme plus ou moins importante en fonction de son statut social et de ses liens avec les mariés pour assister à la cérémonie. Cette somme commence en général aux alentours de 200 euros. La mariée est coiffée d'une perruque et vêtue d'un *kimono* somptueux qui pèse très lourd ; le port du traditionnel costume de mariage est loin d'être une partie de plaisir. Depuis quelques années maintenant, le *wedding* (*uedinggu*) à l'occidentale vient s'ajouter au mariage *shintô*, comme un signe de réussite sociale chez les jeunes couples.

USTENSILES

Les ustensiles, et surtout les couteaux japonais, sont réputés pour leur extrême précision. Certains quartiers sont entièrement dédiés à ces objets, avec des magasins qui sont, à l'origine, à l'usage des restaurateurs bien qu'il soit possible d'acheter à l'unité. Quelques ustensiles sont typiques des cuisines japonaises: les bols à riz, les râpes à radis (sorte de petite assiette avec des picots), les boîtes à *bentô**.

Les fameux couteaux de cuisine japonais sont appelés *bôchô* et non *naifu* (terme qui désigne plutôt le couteau de table). On peut évidemment trouver des semblants de *bôchô* au 100 yen shop* mais les ustensiles de qualité coûtent cher. L'investissement n'est jamais perdu car ils se gardent à vie et sont très précieux. La plupart des couteaux de cuisine japonais sont percés le long de la lame, permettant une meilleure découpe sans adhésion du fait que l'air circule mieux. Autre constante: les Japonais cuisinent avec des «baguettes géantes», appelées *saibashi*, qui ont le mérite de s'utiliser dans la préparation de toutes sortes de plats (là où nous utiliserions une spatule, une cuillère, etc.) tout en préservant le téflon des poêles.

UV

Les UV sont l'ennemi numéro un des femmes japonaises. Néanmoins, les parades sont nombreuses et grâce à leurs infinies précautions, il semblerait presque que leur peau se décolore au fil des années. C'est peu dire qu'elles se protègent. Elles usent même d'artifices pour atteindre l'objectif recherché. Le culte de la blancheur «*bihaku*» passe aujourd'hui par l'application de crèmes gorgées en vitamine E. Dès que les premiers rayons sortent, les ombrelles, dites *hi-gasa*, leur sont d'un grand secours, tout comme les gants anti-UV dont les femmes équipent leurs vélos. Accrochés au guidon, les gants dentelés permettent de ne pas exposer ses mains diaphanes aux rayons destructeurs.

VÉHICULES

Les véhicules japonais promettent quelques surprises. La plupart des voitures (mis à part les taxis) ont une forme... particulière! Les fans de mangas ou de jeux vidéo en auront une idée précise, pour en avoir vu de nombreuses représentations dans leur passe-temps préféré. Si l'on se lançait dans une description cocasse, on pourrait facilement les comparer à des briques de lait sur roues (la brique de lait reposant sur la face étroite): la voiture se trouve en effet être plus haute que large. On pourrait aussi bien dire qu'elles ressemblent à des autos que l'on aurait passées au rouleau compresseur mais qui conservent un habitacle suffisamment grand pour accueillir des passagers. Certains penseront, à raison, que cela leur permet de se faufiler dans les ruelles étroites du vieux Tokyo ou d'autres villes qui ont conservé ces dédales des temps anciens.

La photo ne serait pas complète si l'on omettait de parler des nombreux véhicules signalant leurs intentions directionnelles par le biais d'une voix préenregistrée.

Laquelle claironne selon le cas: «Attention! Je tourne à droite» (*migi ni magarimasu*), «Attention, je tourne à gauche» (*hidari ni magarimasu*). Loin de se cantonner à une simple description des faits, les camionnettes se prennent parfois à entonner des airs joyeux: c'est généralement le cas des camions poubelles qui annoncent leur passage dans la bonne humeur.

——— *VÉLOS* 自転車 *[JITENSHA]* ———

On imagine difficilement le chaos généré par le va-et-vient des vélos au Japon. Pour le croire, il faut le voir. Près des stations de métro, certains parkings à vélos semblent interminables. Même s'il y a de nombreuses places réservées, en règle générale les vélos n'en font qu'à leur tête et se garent un peu n'importe où. Il en va de même quand ils sont en mouvement: les cyclistes roulent sur la route et sur le trottoir selon ce qui les arrange. En cas de collision imminente, ils ont tout de même l'amabilité de vous prévenir d'un coup de *tchirin tchirin* (*voir onomatopées*), qui peut faire sursauter la première fois. Le mieux quand on entend cet avertissement est de ne pas bouger. Le vélo vous annonce juste qu'il passe mais c'est lui qui fait la manœuvre. Ce conseil vaut d'autant plus lorsque vous êtes pris en sandwich entre un vélo qui arrive de face et un autre par-derrière. Bouger reviendrait à créer un accident, donc on poursuit sa route et tout se passera bien.

——— *VIANDE* 肉 *[NIKU]* ———

Le bœuf de Kobe est réputé dans tout le Japon pour son extrême délicatesse. En fait, cette viande est appelée *wagyû* (bœuf japonais). Elle ne tire son nom de la ville de Kobe que parce que c'est là qu'a débuté ce mode d'élevage inédit qui consiste à masser les bêtes au saké et à introduire de la bière dans leur nourriture. Bien qu'il soit consommé partout, le bœuf de Kobe est savamment mis en avant dans les vitrines des restaurants de la ville pionnière, dévoilant ainsi des tranches de bœuf marbrées de gras, particulièrement alléchantes aux yeux des Japonais.

La volaille est aussi très consommée au Japon : en témoignent les fameuses brochettes *yakitori**. Le principal plat où la viande est à l'honneur est le *yakiniku* (littéralement « viande grillée »). Le *shabu shabu* (bouillon où l'on trempe soi-même ses aliments pour qu'ils cuisent) et le *sukiyaki* (appelée « fondue japonaise », proche du *shabu shabu*) utilisent aussi de la viande mais n'oublient pas les légumes. Les Japonais mangent également beaucoup d'abats (désignés par le générique *horumon*) : certains restaurants, plutôt odorants, ne servent que ce genre de plats et il n'est pas rare, non plus, de trouver des gésiers, cœurs ou reins de volaille sous forme de brochettes dans les *izakaya**.

VICE ET VERSA

Beaucoup savent qu'au Japon on roule à gauche. Mais le code de la route n'est pas le seul à nous jouer des tours. Si en France on lève la manette du robinet pour faire couler l'eau et qu'on l'abaisse pour l'arrêter, tenter d'éteindre le robinet de cette façon au Japon vous expose à une douche bien sentie. Nous fermons une porte en tournant la clé dans le sens des aiguilles d'une montre ? Ici ce geste permet au contraire d'ouvrir la porte ! Il semblerait que tout soit fait pour déstabiliser le paisible pèlerin qui se rend au Japon. Et même pour quelqu'un qui s'y installe, la période d'adaptation peut rimer avec plusieurs semaines de douches involontaires.

VILLE SOUTERRAINE

Cela peut déconcerter au début, mais les grandes villes japonaises possèdent toutes des cités ou plutôt des galeries marchandes souterraines dans les gares centrales. Shinjuku pour Tokyo, Harborland à la station Kobe, Umeda pour Osaka, station Hatchôbori à Hiroshima, etc. En fait, ces galeries marchandes bordent les couloirs de connexion entre les lignes, un peu comme les Halles de Paris, en plus impressionnant. En été, cela est extrêmement appréciable car on peut s'abriter de la chaleur tout en faisant son shopping mais ces villes souterraines ont comme défaut principal de dérouter toute personne qui souhaite simplement emprunter le métro. Il faut être vigilant et bien suivre les panneaux, car on s'égare vite dans ces labyrinthes de commerces tous identiques (il existe souvent des points info où l'aimable hôtesse nous indique s'il faut tourner *refuto* (gauche) ou *raito* (droite).

VIRTUEL

L'archipel est, à raison, fréquemment associé au monde virtuel. De fait, les innovations dans ce domaine nous viennent souvent du Japon. Le marché des jeux vidéo est partagé entre la société Konami et la holding Bandai-Namco, et les arcades de jeux, très nombreuses, sont également très remplies. S'y mêlent des jeux vidéo classiques (courses de voitures, jeux de pistolets, etc.) mais aussi des jeux ludiques comme le fameux *taiko no tatsujin* («les pros du tambour»), qui consiste à taper sur de gros tambours japonais selon un rythme symbolisé à l'écran par des petits *smileys* rouges, bleus ou jaunes, et permet de choisir sa chanson parmi une dizaine de titres.

VITALITÉ

Le massage est une grande tradition au Japon: il permet d'entretenir sa vitalité en faisant circuler l'énergie (*ki*). La forme la plus connue reste le *shiatsu*. Alors que les Japonais ne sont pas réputés pour être très tactiles, il n'est pas rare qu'on se masse entre membres de la même famille. Ce sont souvent les enfants qui massent les parents pour témoigner de leur piété filiale. Mais pour se faire masser par un professionnel, les prix sont assez élevés. Généralement il faut rajouter deux zéros au nombre de minutes voulues. Par exemple, si l'on veut un massage de 20 minutes: 2 000 yens (environ 20 euros), 60 minutes: 6 000 yens, etc. Il existe des points détente dans certaines gares pour se faire masser la tête, les pieds ou le corps selon la méthode japonaise d'acupressure (*shiatsu*). De nombreux salons de massage thaïlandais et chinois ont fleuri ces dernières années, mais attention, car certains de ces endroits ne proposent pas que des massages… Pour ceux qui travaillent au Japon et qui ont une couverture maladie, il est possible de profiter des bienfaits des *seikotsu in*, sortes de cabinets de kinésithérapeutes, où l'on se fait masser, étirer, electro-stimuler, les uns à côté des autres.

VITRINES

La grande majorité des restaurants au Japon possède des vitrines qui exposent les menus sous forme de « dînette » plus vraie que nature. Ces drôles d'objets sont appelés *mihon* (« exemple, échantillon ») et permettent aux étrangers de pouvoir choisir leur menu sans avoir besoin de lire le japonais. Certains sont très ressemblants. Ils sont fabriqués selon une technique très complexe qui explique leur prix extrêmement élevé. Malgré ce coût, très rares sont les restaurants qui ne disposent pas de *mihon*.

WAKAME

Les *wakame* désignent un certain type d'algues, riches en fibres et en calcium, utilisées dans la gastronomie japonaise. Il s'agit d'une algue brune en forme de lobes, surtout utilisée en salade et en soupe (la *miso* notamment). L'algue *nori* est, pour sa part, principalement utilisée dans la confection des *makizushi*. Les différentes algues *wakame*, *nori*, *konbu*, *etc.* sont régulièrement utilisées dans la gastronomie japonaise. Beaucoup de *senzai* (amuse-bouches servis avant le repas au restaurant) consistent en des algues marinées. Dans les grandes surfaces, on trouve ces algues sous forme déshydratée.

WASHI 和紙

Le papier japonais, qui est fabriqué artisanalement depuis 1300 ans, s'appelle *washi*. Il est composé de longues fibres de mûrier entrelacées, et est particulièrement apprécié pour sa légèreté, sa flexibilité et sa solidité. Il en existe plus de 400 sortes, aux motifs et couleurs variés, utilisées pour rédiger des cartes ou des invitations, recouvrir des boîtes ou fabriquer des emballages, des faire-part, des lampes, des cerfs-volants (*tako*). Il est aussi employé pour l'origami ou la confection des panneaux coulissants (*shôji*).

WASHLET

Les *washlets* ont commencé à faire parler d'elles dans l'hexagone. Ces toilettes high-tech armées de boutons multifonctions nous réservent un siège toujours chaud, des jets nettoyants et parfois même le sèche-fesse ! Sans oublier la fonction *otohime* (littéralement « la princesse du son ») qui sert à masquer tout bruit naturel qui s'échapperait des toilettes, rendant ses occupants rouges de honte. De manière plus globale, le Japon est en avance pour ce qui est de l'accès aux toilettes. Il y en a pratiquement dans toutes les stations de métro, gratuites bien sûr (seul hic, elles sont souvent à la turque et pas toujours impeccables). On peut également utiliser les toilettes des grands magasins, mais aussi et surtout, celles des bars et restaurants, sans se voir rétorquer le fameux « c'est réservé à la clientèle ! ».

WATASHI

Watashi est la façon la plus neutre de parler de soi en japonais. Il équivaut au « je/moi » français. À vrai dire, le japonais, comme d'autres langues asiatiques, possède de nombreux articles personnels pour désigner le « je » et le « tu ». Ces marqueurs varient en fonction du contexte et des personnes à qui l'on s'adresse et les nuances sont parfois difficiles à saisir pour les personnes dont le japonais n'est pas la langue maternelle. « Je » peut ainsi se dire : *watakushi* (très poli), *watashi* (standard), *atashi*, *boku*, *ore*, *washi*, *utchi*, *kotchira*... Dans la pratique, une jeune fille utilisera plus volontiers *atashi* (considéré plus *kawaï**) et un homme *boku* pour se désigner. Pour dire «tu» ou «vous», il existe le mot passe-partout *anata* mais les Japonais emploient plus volontiers le nom de la personne suivi de *-san*.

WEEK-END

On pourrait presque croire que le week-end n'existe pas au Japon! Même si le mot existe et qu'il est vrai que les bars et lieux de sorties sont un peu plus fréquentés le vendredi et samedi. En effet, tout est ouvert 7 J/7, à l'image des *combini** (à part les banques et la poste). Les gens travaillent n'importe quand et sortent donc quel que soit le jour de la semaine, ce qui donne une impression d'agitation permanente.

WHAAAAT ?

L'une des activités récréatives les plus répandues au Japon est l'apprentissage de l'anglais. Tout le monde veut apprendre cette langue qui semble inaccessible et qui n'en devient que plus convoitée. «Maîtrisez l'anglais et le monde s'offrira à vous», c'est ainsi que les Japonais voient la chose. Beaucoup s'inscrivent dans des instituts de langue anglaise car ils ont pour projet de se rendre à l'étranger et souhaitent pouvoir communiquer avec les autochtones (ce qui ne suffit malheureusement pas toujours) et beaucoup d'enfants sont inscrits dans des *eikaiwa* (écoles d'anglais) dès leur plus jeune âge afin de réussir là où leurs parents ont échoué.

X-Y

X

Certains quartiers abritent des bars qui pourraient être classés X. Ce sont les *kyabakura* (contraction de *kyabare* et *kurabu*, cabaret et club) ou bars à hôtesses où se rendent les *salarymen* (hommes d'affaires japonais) qui recherchent un peu de détente et de divertissement. L'entrée coûte très cher, aux alentours de 10 000 yens (70-80 euros), et donne droit à une heure d'*open bar*, mais seulement pour s'asseoir. Si ce dernier veut garder sa «belle», il doit lui acheter à boire: des bouteilles à 20 000 yens minimum (l'hôtesse touche une commission sur chaque bouteille vendue). Toute la subtilité du jeu tient au fait que le client pense émécher suffisamment son hôtesse pour en profiter un peu, ce qui normalement n'arrive pas: si les règles sont respectées, pas de passage à l'acte dans ces clubs qui se gardent bien d'être associés à la prostitution. Mais dans la pratique, la limite est tout de même plus floue.

De même qu'il existe des bars à hôtesses, on trouve des bars à hôtes (*hosuto*) où les rôles sont inversés. Les *hosts* sont connus pour gagner très bien leur vie, bien mieux que les hôtesses. On les identifie assez facilement près des gares grâce à leur accoutrement typique (coupe improbable, costard surdimensionné et chaussures trop grandes) et au fait qu'ils accostent les passants. L'ironie du sort veut que la clientèle des *hosts* soit composée en majorité d'hôtesses qui viennent dépenser l'argent juste gagné afin de décompresser et profiter à leur tour des petites attentions (monnayées) de leur compagnon d'un soir.

YAEBA

Yaeba est le terme employé pour désigner les canines du haut qui chevauchent les incisives. Donnant un air draculesque aux filles japonaises, les *yaeba* ont longtemps été un signe de beauté féminine. Loin de vouloir corriger ces déformations dentaires, certaines Japonaises vont même jusqu'à se faire poser un appareil pour pouvoir obtenir des *yaeba* parfaites. De nombreuses stars de la télé, sont affublées de ces crocs, et n'en sont que plus désirées!

YAKI...

Yakitori, yakiniku, yakitate, yakisoba... beaucoup de spécialités comportent le mot *yaki* dans leur nom. Mais que veut-il dire? Le verbe *yaku* signifie « griller » en japonais. Accoler la variante *yaki* à un mot revient à dire que ce qui suit va être grillé.

Les *yakitori* et *yakiniku* sont relativement connus en dehors du Japon (respectivement, brochettes de poulet et spécialité à base de bœuf mariné que l'on fait cuire soi-même au restaurant sur un barbecue individuel).

Yaki soba sont les nouilles de farine de blé (*soba*) cuites sur une plaque chauffante avec du chou, de la viande de porc et une sauce un peu relevée, donnant cet aspect marron aux nouilles qui deviennent légèrement croustillantes à la cuisson. *Yakitate* veut dire «tout juste sorti du four». Ce mot est souvent inscrit sur les vitrines des boulangeries pour appâter les clients. Il existe bien d'autres spécialités «grillées» repérables grâce à leur étymologie commune.

YAKUDOSHI

Yakudoshi signifie «années néfastes». D'après la croyance, il existe trois moments critiques dans la vie. Pour les femmes, le mauvais esprit frappe à 19, 33, et 37 ans. Pour les hommes, à 25, 42, et 61 ans. L'année précédant et suivant le *yakudoshi* est une phase quelque peu difficile. Le *yakudoshi* central ou *daiyaku* (grand malheur), qui survient à 33 ans pour les femmes et 42 pour les hommes, est considéré comme le pire. Aucun raisonnement scientifique ne vient étayer la thèse, mais beaucoup de femmes avoueront traverser une période difficile autour de 33 ans. Si elles se sont mariées avant 25 ans, cela peut correspondre à un divorce. Pour les hommes, le glas sonne plus tard : ils ont jusqu'à 42 ans avant de commencer à s'inquiéter.

La classification ainsi faite permet au Japonais d'envisager les tracas de ces années-là avec philosophie : «oui, ce n'est pas facile en ce moment, mais c'est normal, je suis en *yakudoshi*». Pour tenter de chasser le mauvais sort, ils ont recours au *yakubarai* pratiqué régulièrement au sanctuaire *shintô*. Si, passé ce stade, les problèmes persistent, il sera temps de consulter !

YAKUSHIMA

Alors qu'elle abrite un véritable trésor classé au patrimoine mondial de l'Unesco, l'île de Yaku (Yakushima) reste peu connue des étrangers. Située au sud de Kyûshû, elle possède une forêt luxuriante subtropicale qui a notamment servi d'inspiration au dessinateur de *Princesse Mononoké* pour le décor du dessin animé éponyme. L'écosystème de l'île abrite près de 1 900 essences d'arbres différents, dont une centaine serait propre à l'île. La plus emblématique est le cèdre japonais (*sugi*). Sur le plus haut sommet de l'île, à 1 300 mètres d'altitude, se dresse le Jômon Sugi, un arbre sacré millénaire qui aurait entre 2 000 et 7 000 ans. Pour certains, le Jômon Sugi est le plus vieil arbre au monde. Son nom fait référence à l'époque préhistorique japonaise appelée Jômon et qui correspond à l'une des premières datations de l'arbre. Il est également possible de croiser des macaques et des daims sur cette île qui semble baignée dans une atmosphère quasi mystique.

YAKUZA

Les *yakuza*, ces membres de la mafia nippone, ont marqué le film de genre japonais. S'ils existent bien dans la réalité et contrôlent d'ailleurs la plupart des «quartiers d'amusement», il ne faut pas s'attendre à les croiser à chaque coin de rue. Le *yakuza* se reconnaît souvent par sa façon de rouler les «r» (perçue comme une marque de virilité) et par les tatouages recouvrant son corps. C'est pourquoi certains lieux (piscines, *onsen*, etc.) refusent l'accès aux personnes qui en porteraient, que l'on soit japonais ou non! À Osaka particulièrement, la traque aux tatouages s'intensifie ces dernières années, et conduit de plus en plus de personnes à recourir à la chirurgie pour effacer ces marques devenues gênantes. Autrefois, le tatouage ne possédait pas de connotation négative et servait même de «talisman» aux pompiers qui faisaient dessiner sur leur bras des dragons protecteurs, mais aujourd'hui il est presque toujours associé à la mafia. L'art du tatouage porte deux noms, *horimono* ou *irezumi*. Le premier est le terme général, alors que le second caractérise ces œuvres d'art proches des estampes qui recouvrent de grandes parties du corps.

YEN 円 [EN]

La monnaie japonaise est symbolisée par ce signe, qui signifie «cercle». Cela peut paraître étonnant, mais en japonais la devise se dit *en* comme la lettre N et non *yen*, bien que le signe monétaire affirme le contraire.

Il existe 3 types de billets courants: 1000, 5000 et 10000 yens. Ceux de 2000 yens sont beaucoup plus rares. Viennent ensuite les pièces de 500, 200, 100, 50, 10, 5. Les pièces de 50 et 5 yens sont reconnaissables au trou percé en leur centre et servent parfois de porte-bonheur. Enfin, il faut se méfier des pièces de 1 yen (dont la matière qui s'apparente à du plastique démontre bien le peu de valeur) car elles ont tendance à envahir notre porte-monnaie et il est ensuite peu aisé de les écouler. Il est donc recommandé de faire l'appoint dès que possible.

YOMIURI SHIMBUN 読売新聞

Premier quotidien du monde en nombre de tirage (environ 10 millions), le *Yomiuri Shimbun* propose deux éditions par jour. Il est considéré comme plutôt conservateur en opposition à son concurrent le *Asahi*

Shimbun 朝日新聞, deuxième au classement mondial. Le fait que les deux premiers quotidiens du monde soient japonais prouve la vitalité de la presse dans ce pays qui se démarque ainsi des autres pays industrialisés où Internet a porté un coup dur à la profession.

YOROSHIKU

Yoroshiku est un de ces mots multi-usages. On peut le traduire par « S'il vous plaît/Je vous remercie d'avance » si on demande une faveur à quelqu'un, mais aussi pour dire « transmettez-lui mes amitiés ». *Yoroshiku* signifie également « enchanté » une fois les présentations faites, et il est alors accompagné d'une petite inclination de la tête ou du buste entier, selon le degré de politesse. Si l'on souhaite s'exprimer de manière plus formelle, il existe la variante *yoroshiku onegai itashimasu*.

Pour les gens qui connaissent un peu le japonais, il est intéressant de noter que cette expression peut s'écrire « 4649 » ! Aussi bizarre que cela puisse paraître, avec un peu de bonne volonté, ce nombre est susceptible de se prononcer yo-ro-shi-ku (la grande diversité dans la prononciation des chiffres japonais permet ce tour de passe-passe). Explication :

Yo : le chiffre 4 peut se prononcer *yon*, dont on ne gardera que les deux premières lettres.

Ro : le 6 peut se prononcer *roku*, ici aussi on ne garde que ce qui nous intéresse.

Shi : l'astuce est d'utiliser la seconde prononciation du chiffre 4.

Ku : le chiffre 9 peut se prononcer *ku* (d'autres fois *kyû*). Et voilà !

Cette façon d'associer des mots à des chiffres est un jeu de l'esprit que les Japonais utilisent énormément. Notamment dans les pubs, où les numéros de téléphone indiqués portent souvent un message caché permettant de le mémoriser plus facilement. Exemple : *kuikku kuikku* (quick! quick!) que l'on peut symboliser comme ça : 919-919 ; 9 (*ku*), 1 (*ichi*), 9 (*ku*). Ces jeux de mots, difficiles à appréhender pour un étranger, coulent pourtant de source pour les natifs. La technique, appelée *goro-awase*, est également utilisée en sens inverse comme mnémotechnique lorsque les élèves essayent de se souvenir de dates par exemple ; ils «inventent» une explication logique qui leur permettra de retrouver les quatre chiffres en un clin d'œil.

Z

ZANNEN

Ce mot est utilisé à tort et à travers en japonais. Littéralement, il signifie «dommage». On l'utilise notamment dans les jeux télévisés lorsqu'un candidat répond mal à une question. Plus communément, il sert à s'excuser de ne pas pouvoir honorer une invitation. Il faut, tant que faire se peut, montrer tout son dépit dans l'intonation en accentuant sur le «a» puis le «e»: *zaaaaaneeeeeeeen!* Une fois excusé, la politesse veut que l'on propose une autre occasion (virtuelle) de se voir. En japonais, la formule magique est *mata kondo (ni shimashô ne)!* L'expression est assez vague et signifie «(on refera ça) une prochaine fois»; elle est formelle mais ne pas proposer d'alternative serait vraiment mal considéré au Japon. L'adage «c'est l'intention qui compte» prend tout son sens ici.

ZÈLE

Image connue de tous: les Japonais travaillent comme des fourmis, ou plutôt comme des abeilles si l'on en croit leur adage (*hataraki bachi* = «abeille bosseuse»). Ce mythe est encore très vrai même si quelques changements se sont opérés au fil des ans. Tout d'abord, l'univers du travail reste très masculin. Beaucoup de femmes abandonnent leur poste, une fois mariées, pour «se consacrer à leur mariage et future famille». Plus qu'ailleurs toutefois, le Japon valorise le travail et réprouve l'oisiveté. Les Japonais qui intègrent une nouvelle société doivent se montrer persévérants et rester au bureau le plus tard possible même s'ils ont terminé toutes leurs tâches pour la journée. Partir à l'heure reviendrait à avouer sa faiblesse. S'il est vrai que les Japonais prennent peu de congés (10 jours la première année, puis un jour en plus à chaque année d'ancienneté), ils ont droit à une quinzaine de jours fériés. Mais s'absenter en dehors de ces jours est encore très mal vu et l'on se sent souvent coupable de délaisser son travail. Pour se faire pardonner leur départ momentané, les Japonais ramènent moult *omiyage** de leurs voyages à leurs collègues. Souvent, les jours fériés sont économisés afin d'être utilisés comme congé maladie.

────── *ZEN* 禅 ──────

Le mot *zen* est passé largement dans la langue française et la culture occidentale, mais au Japon, le *zen* est bien plus que ce que l'on entend habituellement (relax, détendu, etc.). Fondé à l'origine par le moine indien Bodhidharma, l'enseignement du *zen* rejette les livres et les doctrines. La pratique fut introduite au XIIIe siècle via la Chine (le mot japonais *zen* est l'équivalent de *chan* en chinois). Cette philosophie est plus qu'un mode de pensée au Japon, elle était pendant longtemps une pratique religieuse mettant l'accent sur la méditation (*zazen*) pour atteindre l'illumination (prise de conscience spontanée de la vanité des choses). De là sont nés les jardins *zen*, censés apporter le cadre idéal à la méditation. Les plus beaux se trouvent à Kyoto, ancienne capitale du Japon. Les jardins des pavillons d'or et d'argent, le jardin de la Villa impériale Katsura, du château Nijô ainsi que le célèbre jardin de pierre du Ryôan-ji en sont les exemples les plus subtils. Les trois genres principaux du jardin *zen* sont le *tsukiyama* (reproduction fidèle de la nature, avec collines, étangs, rivières, cascades), le *kare sansui* (style très épuré où le gravier et le sable sont utilisés pour représenter les ondulations de l'eau), et le *chaniwa* (jardin accolé à la maison de la cérémonie du thé, généralement de petite taille, sobre et dépouillé, pour reproduire un naturel d'une simplicité extrême).

ZOO & AQUARIUMS

Pour ceux qui aiment les animaux ou qui voyagent avec des enfants, il y a quelques zoos et aquariums au Japon qui valent le détour. À Tokyo, le zoo d'Ueno est le plus ancien du pays. L'attraction mise en avant est le couple de pandas, que l'on peut observer à travers une baie vitrée proche de l'entrée. Le jardin zoologique contient au total 464 espèces d'animaux différentes, dont plusieurs sont propres au Japon – ours de Hokkaidô, macaques japonais, daims et oiseaux japonais. Dans la moitié ouest du zoo se trouvent un espace où les enfants peuvent caresser des animaux sans danger, ainsi qu'un lac où des oiseaux japonais rares évoluent en toute liberté. On peut aussi visiter un vivarium et un aquarium. La «salle des petits mammifères» contient quant à elle plusieurs animaux nocturnes. Dans le Kansai, à Osaka, il est préférable de visiter l'aquarium situé à Tempôzan près du port plutôt que le jardin zoologique de Tennô-ji ; l'aquarium Kaiyûkan abrite le plus grand poisson du monde, le requin-baleine véritable mascotte et attraction du site. Mais le plus grand aquarium du Japon (qui est aussi le 2e plus grand au monde) se trouve sur l'île principale d'Okinawa*, à Motobu ; le Churaumi propose 4 étages reproduisant les différents niveaux de l'océan, des fonds marins jusqu'à la barrière de corail, dans lesquelles évoluent des raies, requins et autres animaux fantasmagoriques.

ZURU ZURU

C'est l'onomatopée représentant le son produit lorsqu'on mange des nouilles japonaises en les aspirant bruyamment. Cette façon de les avaler est aujourd'hui considérée comme la seule manière adéquate de manger ses nouilles. Faire du bruit, c'est une façon implicite de dire que l'on aime ce que l'on mange. De manière plus pragmatique, les nouilles sont souvent servies très chaudes, dans un bouillon lui-même brûlant, et en les aspirant on évite ainsi de se brûler les lèvres (l'air aspiré formant un «tampon isolant» avec la peau). L'autre avantage de cette méthode est qu'en les avalant d'un coup, il n'est plus nécessaire de couper les nouilles avec les dents (évitant ainsi d'éventuelles éclaboussures). Conclusion : si l'on tient à ses habits, adoptons l'art du *zuru-zuru*.

Bibliographie

LITTÉRATURE

COLLASSE Richard, *La trace*, éd. Points. Un des rares livres sur le Japon qui donne une idée réaliste du pays. On y apprend beaucoup de choses, même si la trame est celle d'un roman.

FERRIER Michaël, *Kizu (la lézarde)*, éd. Arléa. Un livre sensible sur la sensation de fêlure qui apparaît dans la vie d'un jeune homme. Et *Tokyo, petits portraits de l'Aube*, éd. Arléa : quatre visions nocturnes de la ville qui nous plongent dans un dédale de rues, des soirées mondaines ou bars à saké. Sans oublier *Fukushima, Récit d'un désastre*, éd. Gallimard, récit-témoignage de l'après.

ISHII Hisaichi, *Mes voisins les Yamada*, éd. Delcourt G. Productions. Une bande dessinée, dite «yonkoma manga» (les histoires en 4 cases), qui nous offre une étude sociologique très drôle.

KAWABATA Yasunari, *Pays de neige, La danseuse d'Izu, Les Belles endormies*, éd. Lgf. Prix Nobel de littérature en 1968, un des écrivains majeurs du XXe siècle.

KITANO Takeshi, *Asakusa Kid*, éd. du Rocher. Récit autobiographie des débuts dans un quartier chaud de Tokyo de l'acteur-réalisateur que l'on connaît aujourd'hui.

KOBO Abé, *Le plan déchiqueté*, éd. Lgf. Roman noir et drame spirituel.

MISHIMA Yukio, *Le pavillon d'or*, éd. Folio. Un grand classique qui interroge notre rapport à la beauté.

MURAKAMI Haruki, *Après le tremblement de terre*; *Danse danse danse*; *Kafka sur le rivage*; *Au sud de la frontière, à l'ouest du soleil*, etc., éd. 10/18. Ses romans alternent ou allient poésie, fantastique, intime.

OGAWA Yoko, *La marche de Mina*; *Coffret de trois récits : La piscine, Les abeilles, La grossesse*; *Hôtel Iris*, éd. Actes Sud. Un des grands auteurs contemporains japonais.

SOSEKI Natsume, *Je suis un chat*, coll. «Connaissance de l'Orient», éd. Gallimard. Grand classique, satire d'une société en transition (1905-1906).

TANIGUCHI Jirô, *Quartier lointain*, deux tomes, coll. «Écritures», éd. Casterman. Une bande dessinée qui suit le voyage dans le passé d'un homme de 48 ans et ses questionnements sur son identité, son rapport aux autres.

YOSHIMOTO Banana, *N.P.*; *Lézard* (éd. Rivages Poche). Un univers très poétique, autour de simples thèmes comme le couple, la vie de famille, la perte et le deuil. *Le goût de Tokyo*, éd. Mercure de France. Textes choisis et présentés par Michaël Ferrier. Une ville à explorer en suivant de grands auteurs.

SUR LE JAPON

BENEDICT Ruth, *Le chrysanthème et le sabre*, éd. Picquier. Un grand livre selon les Japonais eux-mêmes.

DUBRO Alec, KAPLAN David, Yakusa, *La mafia japonaise*, éd. Picquier.

GUARRIGUE Anne, *Japonaises, la révolution douce*, éd. Picquier. Un très beau portrait du Japon d'aujourd'hui.

MIYAMOTO Masao, *Japon, société camisole de force*, éd. Picquier. Une critique de la bureaucratie et du conformisme au Japon.

MURASE Miyeko, *L'art du Japon*, coll. «La Pochothèque/ Encyclopédies d'aujourd'hui», éd. Lgf.

REISCHAUER Edwin O., DUBREUIL Richard, *Histoire du Japon et des Japonais* (deux tomes).

SABOURET Jean-François, *La dynamique du Japon*, éd. Saint-Simon.

Dépôt légal de la première édition : juin 2010
Deuxième édition : novembre 2012
Imprimé en Espagne